MUSÉE ROYAL.

NOTICE

DES DESSINS

PLACÉS DANS LES

GALERIES DU MUSÉE ROYAL,

AU LOUVRE.

PRIX : 2 FRANCS,

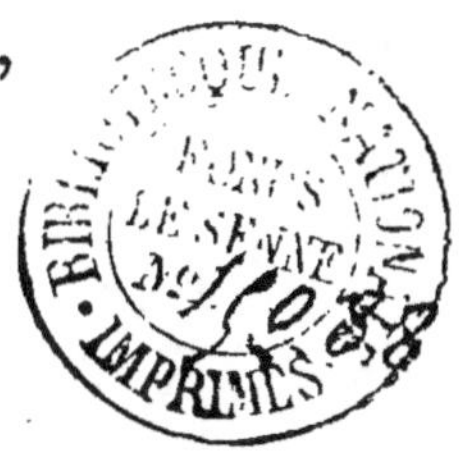

PARIS,

VINCHON, IMPRIMEUR DES MUSÉES ROYAUX,
RUE J.-J. ROUSSEAU, Nº 8.

—

1838.

MUSÉE ROYAL.

DESSINS.

ÉCOLES D'ITALIE.

ABATI ou **DELL'ABATE** (Niccolo), *peintre; né à Modène vers l'an 1509, mort à Fontainebleau en 1571 (Ecole de Modène).*

Il apprit le dessin sous Gio. Abati son père, et Ant. Begarelli, sculpteur habile ; étudia la peinture sur les ouvrages du Corrège, et vint en France vers l'an 1552, pour aider le Primatice à décorer le château de Fontainebleau. Les tableaux dont se composait la Galerie d'Ulysse avaient été peints par Niccolo Abati d'après les dessins du Primatice.

1. Allégorie.

L'Église terrasse le Démon et s'appuie sur une clé, symbole de la puissance pontificale.

Ce dessin, qui a servi de modèle à la peinture exécutée à Bologne vers 1550, en mémoire de l'élévation de Jules III à la papauté, a successivement appartenu à Malvasin et à Mariette, et a toujours été considéré pour l'un des meilleurs de leurs collections.

Dessin à la plume, lavé et rehaussé de blanc.

Haut. 0 m. 24 c. — Larg. 0 m. 14 c.

1

2. Naissance de Méléagre.

Althée, pour obéir à l'oracle, ordonne de retirer du foyer, que les furies entourent et qu'on aperçoit sur un plan reculé , le tison fatal dont la durée doit régler celle des jours de l'enfant qu'elle vient de mettre au monde.

Ce dessin a été exposé en 1811 sous le nom d'Aurelio Luini, à qui il était attribué.

Dessin à la plume, lavé et rehaussé de blanc.
Haut. 0 m. 54 c. — Larg. 0 m. 37 c.

3. Jupiter et Danaé.

Des amours essaient sur la pierre de touche l'or qui tombe sur le lit de la fille d'Acrisius.

Dessin lavé sur crayon et rehaussé de blanc.
Haut. 0 m. 33 c. — Larg. 0 m. 23 c.

4. Un génie ailé.

Dessin lavé et rehaussé de blanc.
Haut. 0 m. 40 c. — Larg. 0 m. 28 c.

ALBANE (Francesco Albani), *peintre, né à Bologne en 1578, mort dans la même ville en 1660 (École bolonaise).*

Élève du Guide et des Carrache, il enseigna à Rome et à Bologne. On voit dans cette dernière ville un grand nombre de ses productions.

5. Saint Pierre apparaît à sainte Agathe.

Accompagné d'esprits célestes, saint Pierre apparaît

à sainte Agathe renfermée dans les prisons de Catane.

Dessin à la plume, lavé et rehaussé de blanc sur papier bistré.
(Collection Mariette.)

Haut. o m. 26 c. — Larg. o m. 20 c.

6. La Madeleine en méditation dans le désert.

Camaïeu à l'huile.

Haut. o m. 38 c. — Larg. o m. 29 c.

7. Portrait de l'Albane.

Dessin de forme ovale à la sanguine.

Haut. o m. 16 c. Larg. o m. 13 c.

ALEXANDRE VERONÈSE (ALESSANDRO TURCHI), *dit* L'ORBETTO, *peintre, né à Vérone vers 1580, mort à Rome en 1650 (Ecole vénitienne).*

Elève de Brusasorci et de Carlo Caliari, il a vécu quelques années à Venise, et s'établit à Rome, où l'on conserve une partie de ses œuvres.

8. Un exorcisme.

Dessin à la plume et lavé.

Haut. o m. 56 c. — Larg. o m. 39 c.

9. L'enlèvement des Sabines.

Portion de dessin fait à la plume, lavé et rehaussé de blanc.

Haut. o m. 30 c. — Larg. o m. 29 c.

ALLEGRI, *voir* CORRÈGE.

ALVISE DEL FRISO (École vénitienne).

10. Portrait de femme.

Dessin aux crayons rouge et noir.

Haut. o m. 9 c. — Larg. m. 13 c.

ANDRÉ DEL SARTE (Andrea Vannucchi *dit*),

peintre, né à Florence en 1488, mort en 1530.

Le surnom de Sarto, sous lequel il est resté connu, lui vient de la profession de tailleur que son père exerçait à Florence. Il y fut élève de Giovanni Barile, sculpteur en bois, et de Pietro di Cosimo. Il étudia les ouvrages de Léonard de Vinci et les cartons de Michel-Ange. Sous le règne de François Ier, André del Sarte fut appelé en France, où il ne séjourna que très-peu de temps. Ses ouvrages lui ont mérité une grande réputation, et ses contemporains ont ajouté à son surnom celui de Senza errori.

11. L'ange du Seigneur annonce à Zacharie que sa femme Elisabeth enfantera un fils qui s'appellera Jean.

Dessin lavé au bistre.

Haut. o m. 24 c. — Larg. o m. 29 c.

12. Visitation de la Vierge.

Sainte Elisabeth reçoit la Vierge Marie qui vient la visiter.

Dessin lavé au bistre. (Collection Mariette.)

Haut. o m. 27 c. — Larg. o m. 28 c.

13. Le baptême dans les eaux du Jourdain.

» Alors la ville de Jérusalem, toute la Judée et tout
» le pays des environs du Jourdain, venaient à Jean,
» et confessant leurs péchés, ils étaient baptisés par
» lui dans le Jourdain. » (*Saint-Mathieu.*)

Ce dessin fait partie, avec le précédent, des douze sujets de la vie de saint Jean-Baptiste, peints en camaïeu à Florence, dans le cloître de la Compagnie dite Dello Scalzo, et gravés par Théodore Cruger.

Dessin au crayon noir.

Haut. o m. 24 c. — Larg. o m. 34 c.

14. Le Christ mort.

Étude.

Dessin au crayon noir.

Haut. o m. 27 c. — Larg. o m. 23 c.

15. Évanouissement de la Vierge.

Dessin à la plume et rehaussé de blanc.

Haut. o m. 19 c. — Larg. o m. 25 c.

16. Une demi-figure nue.

Pour le Saint Joseph représenté sur la fresque dite la Madonna del Sacco et peinte à Florence au-dessus de la porte du cloître della Nunziata.

Étude à la sanguine.

Haut. o m. 15 c. - Larg. o m. 16 c.

17. Groupe de figures debout.

Ce groupe fait partie d'un tableau peint dans le cloître della Nunziata, à Florence.

Dessin au crayon noir.

Haut. o m. 35 c. — Larg. o m. 19 c.

ANGELO (BATISTA D'), *voir* MORO.

ANTONIO MINI, *Florentin.*

Élève de Michel-Ange Buonarotti, ses ouvrages sont peu connus. Vasari nous apprend que Mini vendit à François Ier, roi de France, un carton de Michel-Ange représentant Léda, et que le maître avait donné à son élève avec une grande quantité de dessins pour l'aider à marier ses deux sœurs. On ignore comment ce carton reporté à Florence, et longtemps conservé dans la famille de Vecchietti, a été acquis et porté à Londres.

18. Allégorie.

Deux hommes, atterrés par un génie, semblent indi-

quer deux peuples soumis par la force, et désignés,
l'un par le lion sur lequel il s'appuie, le second par
l'oiseau qui le mord.

Dessin à la plume.
Haut. o m. 18 c. — Larg. o m. 20 c.

ASPERTINI (AMICO), *peintre, né en 1474, mort en*
1552 (Ecole bolonaise).

On présume qu'il fréquenta l'école de Francia.

19. Jésus-Christ porté au tombeau.

La Vierge évanouie est secourue par les saintes
femmes. Dans le lointain on aperçoit le Calvaire.

Camaïeu peint à gouache sur toile.
Haut. o m. 26 c. — Larg. o m. 35 c.

BADALOCCHI (SISTO ROSA *ou*), *peintre et graveur à*
l'eau-forte, né à Parme en 1581, mort à Rome en 1647.

Il suivit l'école des Carrache à Bologne, et passa une
partie de sa vie à Rome. Lié d'amitié avec Lanfranc,
son compatriote, ils exécutèrent ensemble plusieurs ou-
vrages en peinture et en gravure.

20. L'adoration des bergers.

Jésus nouveau-né est adoré par saint Joseph, la
Vierge et les bergers.

Dessin à la plume.
Haut. o m. 33 c. — Larg. o m. 25 c.

BANDINELLI (BACCIO), *peintre, architecte et sculpteur,*
né à Florence en 1487, mort dans la même ville en
1559 (Ecole florentine).

Élève de son père, Michel Agnolo di Viviano da Gra-

juole , orfèvre célèbre , et de Gio. Francesco Rustici , sculpteur. Léonard de Vinci l'aida de ses conseils.

21. L'annonciation.

La Vierge assise dans un fauteuil tient un livre sur ses genoux ; elle témoigne son étonnement de l'apparition des esprits célestes et du message de Gabriel, qui s'agenouille en sa présence. Des anges l'accompagnent : l'un d'eux porte une branche de lis ; il semble apprendre aux deux prophètes assis, et aux trois sybilles qui sont derrière la mère du Sauveur, que le jour des merveilles qu'ils ont prédites est arrivé.

Dessin à la plume.

Haut. o m. 25 c. — Larg. o m. 41 c.

22. Sainte-Famille.

Dessin à la plume.

Haut. o m. 33 c. — Larg. o m. 23 c.

23. Le Christ mort.

Les saintes femmes font éclater leur douleur à la vue du Christ mort, placé près du tombeau où il doit être déposé.

Dessin à la plume.

Haut. o m. 29 c. — Larg. o m. 41 c.

24. Résurrection de Lazare.

Dessin à la plume, lavé au bistre.

Haut. o m. 40 c. — Larg. o m. 57 c.

25. Ensevelissement du Christ.

Saint Jean et Joseph d'Arimathie ensevelissent Jésus en présence des saintes femmes et de sa mère .

Dessin à la plume.

Haut. o m. 23 c. — Larg. o m. 33 c.

26. Ensevelissement du Christ.

Joseph d'Arimathie, accompagné des saintes femmes, ensevelit Jésus.

Dessin à la plume.

Haut. o m. 29 c. — Larg. o m. 28 c.

27. Le Christ porté au tombeau.

Les saintes femmes accompagnent Jésus-Christ mort porté au tombeau. Sur le second plan, quatre disciples disposent le sépulcre qui doit le recevoir.

Dessin à la plume.

Haut. o m. 24 c. — Larg. o m. 35 c.

28. Martyre de saint Laurent.

Première pensée de la composition gravée par Marc-Antoine.

Dessin à la plume, lavé au bistre.

Haut. o m. 36 c. — Larg. o m. 58 c.

29. Projet de tombeau pour le pape Clément VII.

Sur la face principale du monument est représenté l'ensevelissement du Christ.

Dessin gravé par le comte de Caylus, qui l'attribuait à Michel-Ange.   M. R.

Dessin à la plume. (Collection Crozat.)

Haut. o m. 34 c. — Larg. o m. 20 c.

30. Portrait présumé celui de Clément VII.

Dessin à la plume.

Haut. o m. 3o c. — Larg. o m. 21 c.

31. Femme à genoux entre deux enfans.

Dessin à la plume.

Haut. o m. 29 c. — Larg. o m. 22 c.

32. Groupe de plusieurs femmes ; une seule est assise.

Dessin à la plume.

Haut. o m. 27 c. — Larg. o m. 21 c.

33. Ouverture d'un cadavre.

Un grand nombre de personnes assistent à l'ouverture d'un cadavre dont le cœur est présenté aux assistans les plus éloignés.

Ce dessin a été gravé par le comte de Caylus.

Dessin à la plume.

Haut. o m 30 c. — Larg. o m. 53 c.

BARBARELLI, *voir* GIORGION.

BARBATELLI (BERNARDINO), *peintre, né vers* 1542, *mort en* 1612 (Ecole florentine).

Connu à Florence sous plusieurs surnoms, Bernardino Poccetti, Bernardino delle Grotesche, delle Muse, delle Facciate. Le premier lui fut donné parce qu'il fréquentait les cabarets, et les trois autres parce qu'en décorant les façades des maisons, il s'attachait principalement à peindre des muses et des arabesques. A Florence, il fréquenta l'école de M. Ghirlandajo; à Rome, il étudia les ouvrages de Raphaël, et revint enrichir sa patrie des fruits de ses talens.

34. La Vierge apparaît aux sept fondateurs de l'ordre des Servites, en 1339.

Elle leur commande, en présence de l'évêque de Florence, Ardingus, de prendre l'habit noir en mé-

1*

moire des sept douleurs qu'elle avait souffertes à la passion de Jésus-Christ.

Dessin à la plume et lavé au bistre.
Haut. o m. 18 c. - Larg. o m. 27 c.

35. Ardingus, évêque de Florence.

Il prend sous sa protection les Servites, et les soumet à la règle de saint Augustin.

Ces deux dessins, de la collection Mariette, offrent les premières pensées de deux sujets peints à Florence dans le Monastère della Nunciata.

Dessin à la plume et lavé au bistre.
Haut. o m. 18 c. - Larg o m. 25 c.

BARBIÈRI, *voir* GUERCHIN.

BAROCHE (FEDERIGO BAROCCI *ou* FIORI), *peintre et graveur à l'eau-forte, né à Urbin en 1528, mort en la même ville en 1612 (Ecole romaine).*

Elève de Batista Franco, et de son oncle Bartolommeo Genga, architecte, qui lui facilita les moyens d'étudier les ouvrages du Titien et de Raphaël. Il leur préféra ceux du Corrège, vint à Rome à l'âge de vingt ans, et y vit ses premiers essais encouragés par Michel-Ange Buonarotti.

36. L'annonciation.

Dessin à la plume et lavé.
Haut. o m. 37 c. — Larg. o m. 23 c.

37. La crèche.

La Vierge adore l'Enfant-Jésus dont la naissance est annoncée aux bergers par un ange qui les introduit dans la crèche.

Dessin à la plume et lavé sur crayon.
Haut. o m. 35 c. - Larg. o m 32 c.

58. Le Christ mort et assis sur les genoux de la Vierge.

Camaïeu à l'huile.

Haut. o m. 38 c. — *Larg.* o m. 25 c.

59. Le Christ au tombeau.

Première pensée du tableau peint par Baroche pour la compagnie de la Croix à Sinigaglia.

> Dessin à la plume, lavé à l'encre de la Chine et rehaussé de blanc, sur papier bleu. (Collections Mariette et Jean Barnard.)

Haut. o m 35 c. — *Larg.* o m. 24 c.

40. Jésus-Christ porté au tombeau.

D'après le tableau désigné dans l'article précédent. Il a servi de type à la gravure de Gilles Sadeler.

> Dessin aux crayons rouge et noir, lavé et rehaussé de blanc. (Collections Crozat et Mariette.)

Haut. o m. 57 c. - *Larg.* o m. 36 c.

41. La Vierge invoquée par des chrétiens.

Elle les reçoit sous sa protection spéciale.

> Dessin à la plume, lavé à l'encre de la Chine et rehaussé de blanc, sur papier bleu. (Collections du chevalier Penna de Pérouse, Crozat et Mariette.)

Haut. o m. 23 c. - *Larg.* o m. 18 c.

42. Tête de femme.

Etude pour le tableau connu sous la désignation de la Vierge au Chat. Baroche avait coutume de peindre les têtes de Vierge d'après sa sœur. Ce dessin acquis à Urbin par Crozat, a, depuis, fait partie de la collection Mariette.

> Dessin exécuté aux trois crayons et au pastel.

Haut. o m. 27 c. - *Larg.* o m. 21 c.

43. Tête de vieillard vu de profil.

Dessin aux crayons.

Haut. o m 38 c. - *Larg.* o m. 28 c.

44. Tête de vieillard.

Etude pour le tableau de la présentation au temple, exposé à Rome, dans l'église Sancta-Maria della Vallicella.

Dessin exécuté aux trois crayons et au pastel. (Collection Mariette.)

Haut. o m. 36 c. - Larg. o m. 3o c.

45. Énée portant son père Anchise.

Dessin collé sur toile, fait au crayon noir, estompé.

Haut. 1 m. 5o c. - Larg. 2 m. o c.

BASSAN (Bassano Francesco da Ponte, *dit* le), peintre, *né en* 1548, *mort en* 1591 (Ecole vénitienne).

Il était fils aîné de Jacques Bassano. Il fut chargé, avec Paul Véronèse et le Tintoret, de la décoration du Palais Ducal à Venise.

46. Les bergers avertis par l'ange de la venue du Messie.

Dessin lavé sur crayon et rehaussé de blanc.

Haut. o m. 31 c. - Larg o m. 52 c.

47. La fuite en Egypte.

Dessin sur papier bleu à la plume, lavé et rehaussé de blanc. (Collection Mariette.)

Haut. o m. 21 c. - Larg. o m. 31 c.

48. Femme assise et deux enfans près d'elle.

Dessin aux crayons noir et blanc.

Haut. o m. 76 c. - Larg. o m. 49 c.

49. Tête de femme âgée.

Etude pour une pastorale conservée dans la galerie du grand duc de Toscane.

Dessin au pastel. (Collection Mariette.)

Haut. o m. 35 c. - Larg. o m. 29 c.

BATONI (Pompeo), *peintre, né à Lucques en 1708, mort à Rome en 1787 (Ecole romaine).*

Il fut élève de Gio. Dominico Brugieri, de Gio. Dom. Lombardi, et se perfectionna en étudiant les ouvrages de Raphaël.

50. Saint Jean présenté à l'Enfant-Jésus par sainte Elisabeth.

Dessin à la sanguine. (Collection Mariette.)
Haut. o m. 17 c. - Larg. o m. 11 c.

BECCAFUMI (Domenico Mecherino *dit*), *peintre, graveur sur cuivre et sur bois, né en 1484, vivait encore en 1551 (Ecole de Sienne).*

Mecherino était berger ; il joignit à son nom celui de son bienfaiteur Beccafumi, qui, ayant reconnu au jeune pâtre des dispositions, confia son éducation pittoresque à Puccio Capanna, peintre florentin. Mecherino s'attacha depuis au style du Pérugin, et dans un âge plus avancé à celui de Michel-Ange Buonarotti.

51. Le frappement du rocher.

Dessin à la plume et lavé.
Haut. o m. 33 c. -- Larg. 1 m. 14 c.

52. Les Israélites étanchant leur soif.

D'après le pavé de la cathédrale de Sienne.

Dessin à la plume et lavé.
Haut. o m. 33 c. - Larg. o m. 97 c.

53. Le mariage de la Vierge.

Dessin à la plume.
Haut. o m. 38 c. - Larg. o m. 26 c.

54. Réconciliation de Marcus Emilius Lepidus et de Fulvius Nobilior.

Une inimitié réciproque régnait entre ces deux romains; elle avait éclaté par des contestations violentes au milieu du Sénat et en présence du peuple. Néanmoins le peuple les avait nommés censeurs. Selon la coutume, ils venaient de se placer sur leurs chaises curules dans le Champ-de-Mars, auprès de l'autel de la divinité, lorsque Quintus Cecilius Metellus leur tint un discours si touchant sur la nécessité d'adopter cette maxime : *Les amitiés doivent être immortelles, et les inimitiés mortelles*, qu'émus par les instances réitérées des assistans, ils s'embrassèrent, protestèrent d'oublier le passé, et de renoncer à tout ressentiment. La manière dont ils se conduisirent pendant leur magistrature fit voir que leur réconciliation avait été sincère. Ils présidèrent à plusieurs ouvrages publics; et Emilius, l'un des deux censeurs, fut nommé par son collègue prince du Sénat.

Ce sujet a été peint à Sienne, dans la salle de la maison de ville dite Il Consistoro.

Dessin au crayon noir, lavé et rehaussé de blanc.

Haut. 0 m. 25 c. - *Larg.* 0 m. 29 c.

55. Le pape Pie II reçoit les ambassadeurs de Monobasse.

En 1460, les ambassadeurs de Monobasse, ville du Péloponèse, située sur une montagne élevée, près de la mer, vinrent trouver le pape Pie II, et le prièrent de les recevoir sous sa protection, eux et leur ville : ils lui représentèrent qu'ils n'avaient pas voulu se rendre à Mahomet II, comme Démétrius Paléologue, leur seigneur, avait fait; que Thomas son frère, auquel ils voulaient obéir, ne se trouvant pas assez fort pour les défendre de l'oppression des Turcs, les avait exhortés à reconnaître le pape pour leur souverain; qu'en conséquence, ils venaient s'offrir à sa Sainteté, et lui rendre obéissance. Le pape les reçut avec joie au nom de l'église romaine, et leur envoya un gouverneur et des vivres (*Fleury, Hist. Eccl.*).

Dessin à la plume et lavé.
Haut. o m. 25 c. - Larg. o m. 21 c.

BELLA, *voir* La Belle.

BELLIN (Gentile Bellini), *peintre, né en 1421, mort en 1501. (École vénitienne.)*

Elève de Jacques Bellin son père, il fut envoyé par le sénat de Venise à Constantinople, où il peignit et grava en creux le portrait de Mahomet II, qui le combla de bienfaits. C'est d'après ses dessins que la colonne théodosienne a été gravée.

56. Portrait d'un jeune homme vu de profil.

Dessin aux crayons noir et blanc.
Haut. o m. 32 c. - Larg. o m. 22 c.

BELLIN (Giovanni Bellini), *peintre, né à Venise en 1424, mort en 1514, on ne dit pas dans quelle ville.* (Ecole vénitienne).

Elève de Jacopo Bellini, son père, il devint le réformateur de l'école de Venise, et fut un des premiers peintres qui peignit à l'huile en Italie. Le Giorgion, le Titien, Sébastien del Piombo furent ses élèves.

57. Portrait d'un jeune homme vu de profil et coiffé d'un bonnet.

On présume qu'il représente le duc d'Orléans, depuis Louis XII, roi de France.

Dessin au crayon noir.
Haut. o m. 36 c. - Larg. o m. 24 c.

BERNINI (Gio. Lorenzo), *architecte, peintre et sculpteur, né à Naples en 1598, mort à Rome en 1680 (École romaine.)*

Elève de son père Pietro Bernini, peintre et sculpteur, Alexandre VII le nomma architecte de la Chambre apostolique, en 1655. Cette faveur lui avait donné beaucoup d'influence dans les arts à cette époque. Appelé en France par Louis XIV, en 1665, il y resta huit mois, y fit des projets pour l'achèvement du Louvre, qui n'ont pas été exécutés, et retourna à Rome chargé d'honneurs et de bienfaits.

38. Saint Jérôme, à genoux, médite devant un crucifix.

Donné par l'auteur à M. Colbert le 19 octobre 1665.

Dessin à la plume, lavé à l'encre de la Chine. (Collection Mariette.)

Haut. o m. 40 c. - Larg. o m. 3o c.

BERRETTINI, *voir* Pietre de Cortone.

BEZZI (Gio. Francesco), *peintre, mort en 1571 (École bolonaise).*

Il a été surnommé il Nosadella, du nom de la rue qu'il habitait à Bologne. Il fréquenta l'école de Domenico Tibaldi, et s'adonna particulièrement à la fresque. Ses ouvrages, peu nombreux, ont été exécutés à Bologne et dans quelques villes d'Italie.

39. Un savant assis auprès d'un tombeau.

Il paraît occupé des deux ouvrages dont il tient les volume

Dessin à la plume et lavé. (Collections Jean Talman, Richardson et Jean Barnard.)

Haut. o m. 16 c. - Larg. o m

BIAGIO DALLE LAME, OU DALLE LAMME, *peintre bolo-*
nais, vivait en 1530.

Cet artiste est encore appelé Maestro Biagio Bolo-
gnese; mais son nom de famille était Pupini. Il fut élève
de Francia.

60. L'annonciation.

Dessin à la plume, lavé et rehaussé de blanc (Collection
Th. Hudson.)
Haut. o m. 22 c. - *Larg.* o m. 16 c.

BISCAINO (BARTOLOMMEO), *peintre et graveur à l'eau-*
forte, né à Gênes en 1632, *mort en* 1657 (École génoise).

Elève de son père Gio. Andrea Biscaino, paysagiste,
et de Valerio Castelli. La peste l'enleva à l'âge de 25 *ans,*
avec toute sa famille.

61. Mariage de la Vierge et de saint Joseph.

Dessin à la sanguine, rehaussé de blanc, sur papier coloré. (Collection Mariette.)
Haut. o m. 39 c. - *Larg.* o m. 28 c.

62. L'Adoration des Bergers.

Dessin à la sanguine rehaussé de blanc.
Haut. o m. 38 c. — *Larg.* o m. 22 c.

BOLOGNÈSE (GIO. FRANCESCO GRIMALDI, *dit* le),
peintre, architecte et graveur, né en 1606, *mort en* 1680
(École bolonaise.)

Il suivit dans ses ouvrages le style des Carrache, dont
il était parent; mais il ne put profiter long-temps de leurs
conseils, n'étant âgé que de treize ans à la mort de Louis,
qui avait survécu à Augustin et à Annibal.

63. Paysage avec fabrique et chute d'eau.

On aperçoit, sur le devant, un héron.

L'auteur envoya ce dessin à Paris au sieur Cordier, en 1666. Depuis il a passé dans la collection de Jean Barnard.

Dessin fait à la plume.

Haut. 0 m. 41 c. - *Larg.* 0 m. 53 c.

64. Paysage.

Sur le second plan , on remarque trois jeunes garçons.

Dessin à la plume. (Collection Jean Barnard.)

Haut. 0 m. 13 c. - *Larg.* 0 m. 27 c.

65. Paysage.

Il est coupé vers le milieu par un groupe d'arbres.

Dessin à la plume. (Collection Jean Barnard.)

Haut. 0 m. 28 c. - *Larg.* 0 m. 42 c.

66. Paysage.

Il est orné de figures sur le bord d'une rivière.
A été gravé par le comte de Caylus.

Dessin à la plume.

Haut. 0 m. 28 c. — *Larg.* 0 m. 42 c.

BONACCORSI, *voir* Périno del Vaga.

BONARRUOTI, Buonarroti ou Buonaroti, *voir* Michel-Ange.

BOSCOLI (Andrea), *peintre, né en 1550, mort vers 1606 (Ecole florentine).*

Elève de Santo Titi, il étudia l'antique , et se forma d'après les ouvrages des meilleurs artistes. Il parvint à dessiner avec une extrême facilité.

67. Sainte-Famille.

Jésus, assis sur les genoux de sa mère, et adoré par saint Jean, reçoit un fruit que saint Joseph lui présente.

Dessin à la plume et lavé.

Haut. o m. 27 c. - *Larg.* o m. 19 c.

BOTTICELLI (Sandro Filippi ou Filipepi, surnommé), *orfèvre, peintre et graveur, né en 1437, mort en 1515. (École florentine).*

Il fut appelé Botticelli, pour avoir été mis en apprentissage chez un orfèvre de ce nom ; peu après, il fréquenta l'école du peintre Fra Lippi, religieux carme. Les graveurs recherchèrent ses dessins, et on lui attribue l'invention des deux estampes gravées par Baldini, qui ornent le premier et le second chant de la Divina Commedia de Dante, imprimée à Florence, par Nicholo di Lorenzo della Magna, en 1481, et dont les exemplaires sont rares. On a quelques estampes de sa main.

68. Pauvres recevant l'aumône.

Dessin à la plume.

Haut. o m. 14 c. - *Larg.* o m. 15 c.

69. Souverain demandant à un saint la résurrection d'un mort.

Dessin à la plume.

Haut. o m. 13 c. - *Larg.* o m. 18 c.

BRANDI (Giacinto), *peintre, né en 1623, mort en 1692. (École romaine).*

On ignore s'il est natif de Poli ou de Gaète ; mais il est certain qu'il fréquenta l'école de Lanfranc à Rome.

70. Jésus sur la croix.

Il est adoré par saint Grégoire-le-Grand, et par saint François d'Assise.

Composition faite pour être exécutée sur la bannière d'une confrérie.

Dessin à la plume et lavé. (Collection Mariette.)

Haut. o m. 32 c. - *Larg.* o m. 23 c.

BRIZZIO (Francesco), *peintre et graveur, né à Bo= logne, mort en* 1613, *à l'âge de* 49 *ans* (Ecole de Bologne).

Élève de Passerotti pour le dessin, et d'Auguste Car= rache pour la gravure, il étudia la peinture sous Louis Carrache.

71. Quatre femmes debout se prêtant mutuellement un appui.

Dessin à la plume.

Haut. o m. 17 c. — *Larg.* o m. 14 c.

CALABRESE (Mattia Préti *dit* le), *peintre, né à Taverna dans la Calabre, en* 1613, *mort à Malte en* 1699 (École napolitaine).

Élève de Lanfranc et du Guerchin, il étudia les ou- vrages des grands maîtres, visita l'Italie, la France, fit le voyage d'Anvers pour connaître Rubens, et ter- mina ses jours à Malte où il avait été reçu dans l'ordre avec le titre de Commandeur.

72. Le martyre de saint André.

Dessin à la plume, lavé au bistre et rehaussé de blanc. (Collection Mariette.)

Haut. o m. 40 c. - *Larg.* o m. 25 c.

73. Le martyre de saint Erasme.

Dessin à la plume, lavé au bistre et rehaussé de blanc.
(Collection Mariette.)

Haut. o m. 40 c. - Larg. o m. 25 c.

CALDARA, *voir* POLIDORE.

CALIARI (CARLO *ou* CARLETTO), *peintre, né vers 1570, mort en 1596. (École vénitienne).*

Élève de Paul Véronèse (Paolo Caliari), *son père, et de Jacques Bassan.*

74. Moïse sauvé des eaux.

Thermutis fait retirer du Nil le jeune Moïse, et ordonne à sa sœur d'aller quérir la femme d'un hébreu pour le nourrir.

Dessin à la plume et lavé.

Haut. o m. 20 c. - Larg. o m. 31 c.

CALIARI (PAOLO), *voir* PAUL VERONÈSE.

CALLISTO PIAZZA ou **CALLISTO DA LODI,** *peintre, vivait en 1524 et 1556 (École vénitienne).*

Les biographes ne s'accordent pas sur la patrie de Callisto. Quelques-uns de ses ouvrages, signés Callistus Laudendis, *sembleraient indiquer qu'il était de Lodi, et cependant, les peintures qu'il a exécutées dans l'église de l'Incoranata à Lodi sont signées* Callistus de ou da Platea. *Callisto imita le Titien et le Giorgion; ses ouvrages se trouvent à Brescia, à Créma, à Alexandrie et à Milan.*

75. Rencontre de saint Joachim et de sainte Anne.

Saint Joachim ayant quitté, par l'ordre d'un Ange,

le désert où il s'était retiré pour y jeûner et pleurer
en liberté sur la stérilité de son épouse, rencontre près
de la porte dorée du temple sainte Anne, qu'un ordre
semblable y avait amenée. A peine eût-elle aperçu
Joachim qu'elle se jeta à son cou, l'embrassa en disant : « C'est maintenant que Dieu m'a pleinement
» bénie; votre femme était stérile, elle ne l'est plus ».
Le Père-Éternel, du milieu de sa gloire, contemple la
réunion des deux époux, et donne des ordres pour
l'accomplissement de ses décrets.

Dessin à la plume, lavé, rehaussé de blanc, et cintré
du haut.

Haut. o m. 40 c. - Larg. o. m. 24 c.

CALVART (Denis), *peintre, né a Anvers vers* 1565,
mort à Bologne en 1619.

*Cet artiste, né en Flandre, a sa place parmi les
peintres de Bologne, où il vint très jeune et fut appelé
Dionisio Flammingo, ou d'Anversa. Il passa de l'école
de Fontana dans celle de Sabbatini qu'il suivit à Rome.
De retour à Bologne, il ouvrit une académie, et compta
parmi ses élèves le Guide, le Dominiquin, l'Albane, etc.*

76. Mariage mystique de sainte Catherine d'A-
lexandrie.

Jésus, soutenu par sainte Anne, donne l'anneau nuptial à sainte Catherine d'Alexandrie qui lui est pré-
sentée par la Vierge. Saint Joseph est en méditation;
le jeune saint Jean joue avec un agneau, et les anges
apportent des couronnes ou jettent des fleurs dans
les airs.

Dessin à la plume, lavé et rehaussé de blanc.

Haut. o m. 27 c. - Larg. o m. 21 c.

77. Tête de vieillard appuyée sur la main.

Dessin au crayon rouge.

Haut. o m. 34 c. - Larg. o m. 24 c.

CAMBIASO (Luca ou Luchetto, et surnommé le Cangiage), *peintre génois, né en 1527, mort en 1580 ou 1585.*

Élève de son père, Giovanni Cambiaso. Il a peint en Italie et en Espagne.

78. Saint Joseph et l'Enfant-Jésus près d'un arbre; il le soulève pour qu'il puisse en prendre les fruits.

Dessin à la plume et lavé.

Haut. o m. 35 c. — Larg. o m. 23 c.

79. Repos de la Sainte-Famille.

Dessin à la plume et lavé.

Haut. o m. 32 c. — Larg. o m. 22 c.

80. Le Christ attaché à la colonne et flagellé.

Dessin à la plume et lavé.

Haut. o m. 22 c. — Larg. o m. 32 c.

81. Jésus dépouillé pour être attaché sur la croix.

Dessin à la plume et lavé.

Haut. o m. 29 c. — Larg. o m. 50 c.

82. Saint Laurent, diacre.

Ayant obtenu du préfet de Rome quelques jours pour livrer les trésors de l'Eglise, il accomplit sa promesse en lui présentant les pauvres qu'il nourrissait.

Dessin de forme cintrée, fait à la plume et lavé au bistre.

Haut. o m. 20 c. - Larg. o m. 43 c.

85. Un moine à genoux entre saint Jean-Baptiste et saint Luc reçoit la bénédiction d'un abbé.

Dessin à la plume et lavé.
Haut. o m. 33 c. — Larg. o m. 12 c.

84. Modèle d'un reliquaire.

Quatre anges portant des cornes d'abondance qui servent de flambeaux, soutiennent les angles du coffre. Dans le milieu, saint Antoine et saint Paul, premier ermite, paraissent occupés d'un repas frugal.

Dessin à la plume et lavé.
Haut. o m. 19 c. - Larg. o m. 17 c.

85. Triomphe d'Amphitrite.

Dessin à la plume, lavé et rehaussé de blanc.
Haut. o m. 56 c. — Larg. o m. 43 c.

86. Des ambassadeurs offrent des présens à un souverain.

Dessin à la plume légèrement lavé.
Haut. o m. 42 c. — Larg. o m. 56 c.

CAMPAGNOLA (Domenico), *peintre et graveur à l'eau-forte et sur bois, vivait en 1543.*

Il suivit l'école du Titien. Une médaille en l'honneur de Sigismond II, roi de Pologne, exécutée en bronze de moyenne grandeur par un nommé Dominique, vénitien, en 1548, et conservée dans la bibliothèque de Saint-Marc, a fait présumer que Campagnola était aussi graveur en médailles.

87. Paysage.

Sur le premier plan, Médor grave sur l'écorce d'un arbre le nom de la belle Angélique avec le sien, et les deux amours semblent désigner l'ardeur mutuelle des deux amans.

Dessin à la plume.

Haut. o m. 41 c. - Larg. o m. 55 c.

CAMPI (BERNARDINO), *peintre, né a Crémone en* 1522, *vivait encore en* 1590.

Élève de Giulo Campi, à Crémone, et d'Ippolito Costa, à Mantoue.

88. Le Christ mort dans les bras de saint Joseph.

Deux anges les accompagnent ; l'un tient un cierge, l'autre montre un clou qui a retenu sur la croix son divin maître.

Dessin à la sanguine.

Haut. o m. 39 c. - Larg. o m. 28 c.

89. Deux femmes à genoux.

L'une d'elles tient un enfant.

Fragment d'une plus grande composition dessinée à la sanguine.

Haut. o m. 28 c. - Larg. o m. 22 c.

CANALETTO (ANTONIO CANAL, *dit*), *peintre, né à Venise en* 1697, *mort en* 1768 (École vénitienne).

Fils et élève de Bernardo Canal, peintre de décorations, il suivit la profession de son père jusqu'en 1729, *époque de son voyage à Rome, où il fit des tableaux.*

90. Vue de la place Saint-Marc et de l'église Saint-Geminien à Venise.

Dessin à la plume, lavé à l'encre de la Chine. (Collection J. Barnard.)

Haut. o m. 20 c. - Larg. o m. 28 c.

CANGI, *voir* CUNGI.

2

CANTAGALLINA (Remigio), *ingénieur, dessinateur et graveur à l'eau-forte, mort vers 1630 (École florentine).*

Il apprit le dessin à l'école des Carrache et la gravure chez Jules Parigi. On lui donne pour disciples Callot et La Belle.

91. Vue du pont et du château Saint-Ange, à Rome.

Dans le fond, on aperçoit le Vatican et l'église Saint-Pierre dans l'état où elle était à cette époque.

Dessin à la plume.

Haut. o m. 22 c. - *Larg.* o m. 43 c.

CANTARINI, *voir* Pesarèse.

CANUTI (Domenico Maria), *peintre et graveur à l'eau-forte, né à Bologne en 1620, mort en 1684 (École bolonaise).*

On ignore son nom de famille; Canuti était celui d'une terre dans le Bolonais, d'où sa famille vint s'établir à Bologne. Il était privé de fortune; un moine Olivetain s'intéressa en sa faveur, et le fit recevoir dans l'école du Guide.

92. La Sainte-Famille et plusieurs saints.

L'Enfant-Jésus adoré par saint François d'Assise, et assis sur sa mère, reçoit un cœur qui lui est présenté par sainte Marthe. À côté de la Vierge, saint Joseph assis tient un livre.

Dessin à la plume et lavé.

Haut. o m. 30 c. - *Larg.* o m. 23 c.

93. La Sainte-Famille et plusieurs saints.

La Vierge, assise sur un trône, présente Jésus à l'adoration de saint Joseph, de sainte Marthe et de saint François d'Assise.

Dessin à la plume, lavé au bistre et rehaussé de blanc.

Haut. o m. 42 c. - *Larg.* o m. 29 c.

94. Une novice au moment de prononcer des vœux.

Au milieu d'un groupe de religieuses à genoux, on aperçoit la novice qui n'a pas encore pris l'habit. Elle adresse au ciel, par l'intervention de son ange gardien, les vœux qu'elle va prononcer.

Dessin à la plume et lavé. (Collection Mariette.)

Haut. o m. 18 c. - *Larg.* o m. 18 c.

95. Plusieurs personnages en extase.

Partie d'un dessin à la plume, lavé et rehaussé de blanc.

96. Deux figures sur un entablement.

Dessin à la plume et lavé.

CARDI *da Cigoli* (LODOVICO), *peintre, architecte et graveur, né à Cigoli en 1559, mort à Bologne en 1613 (École florentine).*

Il reçut les avis de Santi di Tito, parcourut la Lombardie, et se forma sur les ouvrages du Corrège et de Baroche. Il a écrit sur l'anatomie, la perspective, et on a de lui quelques observations sur la nature des couleurs et sur le moyen de les rendre inaltérables. Le piédestal de la statue de Henri IV, anciennement placé sur le Pont-Neuf, avait été exécuté d'après ses dessins.

97. La circoncision.

> Dessin à la plume, lavé et rehaussé de blanc.
> *Haut.* o m. 41 c. - *Larg.* o m. 27 c.

98. La pâque.

> Dessin à la plume, lavé et rehaussé de blanc.
> *Haut.* o m. 47 c. - *Larg.* o m. 67 c.

99. Le Christ mort, porté au tombeau et pleuré par les saintes femmes.

> Dessin à la plume et lavé.
> *Haut.* o m. 26 c. - *Larg.* o m. 20 c.

100. Même sujet que le précédent, avec quelques différences.

> Dessin à la plume et lavé.
> *Haut.* o m. 26 c. - *Larg.* o m. 21 c.

Ces deux compositions sont les premières pensées du tableau de Cardi, placé dans la galerie de Florence. Celle qui est à droite vient de la collection J. Barnard.

101. Saint Grégoire-le-Grand écrivant ses ouvrages.

Le pape Saint Grégoire-le-Grand, servi par les anges et assisté par les cardinaux, écrit ses ouvrages sous l'influence du Saint-Esprit.

Cette composition a été faite pour modèle d'une tapisserie commandée par le cardinal André Peretti Montalto.

> Dessin à la plume, lavé d'indigo.
> *Haut.* o m. 37 c. - *Larg.* o m. 47 c.

102. Saint Donat, évêque d'Arezo, ressuscite un mort.

Les légendaires rapportent qu'un créancier de mauvaise foi s'était opposé à l'enterrement d'un débiteur qui l'avait satisfait, mais dont il avait gardé l'obligation, et que la veuve du mort supplia saint Donat de faire connaître la vérité. Le mort, interrogé, confondit le créancier, l'obligea à lui remettre la reconnaissance quittancée, et supplia le saint prélat de le laisser désormais jouir du repos éternel. Dans le fond, on aperçoit saint Donat baptisant Zénobe, personnage distingué, et plusieurs habitans d'Arezzo qu'il avait convertis.

Dessin à la plume et lavé d'indigo.
Haut. o m. 3o c. - Larg. o m. 24 o.

103. Psyché exposée sur un rocher.

Dessin à la plume, lavé à l'encre de Chine.
Haut. o m. 14 c. - Larg. o m. 11 c.

104. Tête d'homme vue de trois quarts et penchée.

Dessin à la sanguine estompé.
Haut. o m. 27 c. - Larg. o m. 21 c.

105. Tête de jeune homme vue de trois quarts.

Dessin à la sanguine, rehaussé de blanc.
Haut. o m. 35 c. - Larg. o m. 24 c.

CARPACCIO (VITTORE), *peintre vivant en 1522, et désigné par Vasari sous le nom de Scarpaccio (École vénitienne).*

Les ouvrages de cet artiste sont rares, même dans sa patrie. Les travaux de peinture qu'il avait exécutés dans le palais ducal, à Venise, ont été détruits par l'incendie de 1576.

106. Les pélerins d'Emmaüs à table.

Dessin à la sanguine, rehaussé de blanc.
Haut. o m. 25 c. - Larg. o m. 23 c.

CARPI (Girolamo da), *peintre, né à Ferrare en 1501, mort, selon Vasari, à l'âge de 55 ans, et selon Baruf-faldi, à 68 ans (Ecole de Bologne).*

D'abord élève de Garofolo, il termina ses études à Bologne. De retour à Ferrare, il travailla, concur-remment avec Garofolo, à plusieurs peintures à fresque dans le petit palais du duc et aux olivetains ; il fut aussi chargé de la décoration d'une loge du palais du-cal de Cossario et de différens autres ouvrages.

107. Saint Joseph présente un fruit à l'enfant Jésus.

Dessin à la plume et lavé.

Haut. 0 m. 13 c. — Larg. 0 m. 17 c.

108. Judith et sa suivante.

Dessin lavé et rehaussé de blanc.

Haut. 0 m. 15 c. — Larg. 0 m. 19 c.

CARRACHE (Agostino Carracci), *peintre et graveur, né à Bologne en 1558, mort à Parme en 1601 (École bolonaise).*

Il s'adonna à la gravure, aux sciences, aux belles-lettres, fréquenta l'école de Prospéro Fontana, et de Louis Carrache, son cousin ; étudia, pour la gravure, les des-sins de Bar. Passarotti ; pour la peinture, les ouvrages du Corrège et des maîtres vénitiens.

109. Repos de la Sainte-Famille.

Saint Joseph et la Vierge considèrent avec attention l'Enfant-Jésus occupé à écraser la tête du serpent. Des anges viennent couronner la mère du Sauveur.

Dessin à la plume, lavé, sur papier bleuâtre.
Haut. o m. 39 c. - Larg. o m. 26 c.

110. Repos de la Sainte-Famille.

Sur le second plan, saint Joseph paraît entièrement absorbé dans la lecture.

Dessin à la plume et lavé d'indigo. (Collection Mariette.)
Haut. o m. 18 c. - Larg. o m. 14 c.

111. Paysage.

Dans le milieu on remarque la Sainte-Famille qui se repose.

Dessin à la plume.
Haut. o m. 33 c. - Larg. o m. 54 c.

112. Paysage. On y voit quelques figures sur le bord d'une rivière.

Dessin au crayon rouge.
Haut. o m. 14 c. — Larg. o m. 18 c.

CARRACHE (ANNIBALE CARRACCI), *peintre et graveur, né à Bologne en 1560, mort à Rome en 1609 (École bolonaise).*

Élève de Louis Carrache, son cousin, il étudia le Corrège, les maîtres vénitiens et romains; se fit connaître par un grand nombre d'ouvrages, et fut chargé de la décoration de la galerie Farnèse. Carle Maratte, pour honorer sa mémoire, fit placer son buste dans l'église de Sainte-Marie-de-la-Rotonde, près de celui de Raphaël.

113. L'annonciation.

Dessin à la plume, lavé et rehaussé de blanc.
Haut. o m. 53 c. — Larg. o m. 35 c.

114. La fuite en Egypte.

Paysage à la plume et lavé. (Collection Mariette et Lachey.)

Haut. o m. 36 c. - *Larg.* o m. 47 c.

115. Repos de la Sainte-Famille.

Les mains et la tête appuyées sur un tertre, saint Joseph se livre au sommeil.

Dessin à la plume.

Haut. o m. 31 c. - *Larg.* o m. 45 c.

116. Le Christ descendu de la croix.

Camaïeu à l'huile et verni.

Haut. o m. 41 c. — *Larg.* o m. 31 c.

117. La résurrection.

Le Christ, resplendissant d'une lumière divine, sort du tombeau.

Cette composition offre la première pensée d'un ouvrage de ce maître, exposé sous le n° 921 dans la galerie des tableaux du Musée Royal.

Dessin à la plume et lavé à l'encre de Chine mêlée de bistre. (Collections Boulle et Mariette.)

Haut. o m. 38 c. - *Larg.* o m. 25 c.

118. Sainte Madeleine dans le désert.

Dessin à la sanguine. (Collection Mariette.)

Haut. o m. 22 c. - *Larg.* o m. 17 c.

119. Saint François d'Assise présenté par un ange à la Vierge qui tient l'Enfant-Jésus.

Dessin au crayon noir, rehaussé de blanc.

Haut. o m. 40 c. — *Larg.* o m. 35 c.

120. Des mendians.

Dessin à la plume, lavé au bistre.

Haut. o m. 34 c. - *Larg.* o m. 26 c.

121. Tête de jeune homme vue de trois quarts.

Dessin à la sanguine et rehaussé de blanc sur papier gris.
(Collections Crozat et Mariette.)

Haut. o m. 37 c. - Larg. o m. 25 c.

122. Jeune homme endormi et vu de face.

Il a les bras croisés.

Dessin à la sanguine.

Haut. o m. 25 c. - Larg. o m. 18 c.

125. Un faune.

D'après celui qui précède le char de Bacchus dans le tableau placé au centre du plafond de la galerie Farnèse.

Dessin aux crayons noir et blanc.

Haut. o m. 54 c. - Larg. o m. 28 c.

124. Tête de jeune homme vue de profil.

Dessin à la sanguine.

Haut. o m. 39 c. — Larg. o m. 25 c.

125. Tête de jeune homme inclinée et vue de profil.

Dessin à la sanguine.

Haut. o m. 26 c. — Larg. o m. 19 c.

CARRACHE (Antonio).

126. Un homme debout et drapé.

Dessin à la sanguine.

Haut. o m. 37 c. — Larg. o m. 19 c.

CARRACHE (Lodovico Carracci), *peintre et graveur, né en 1555, mort en 1619.* (École bolonaise.)

Prosper Fontana avait donné à Louis Carrache le conseil d'abandonner la peinture ; il lui trouvait peu de dispositions pour cet art. Une étude réfléchie sur les chefs—

d'œuvre conservés à Parme, à Venise, lui fit surmonter les difficultés, et il devint un peintre habile. On lui doit l'établissement d'une académie à jamais célèbre par le nombre des artistes qui en sortirent.

127. Vocation de saint Mathieu à l'apostolat.

Dessin à la plume. (Collection Mariette.)

Haut. o m. 24 c. - Larg. o m. 18 c.

128. La Vierge, l'Enfant-ésus, saint Mathieu, saint François d'Assise et saint Jean-Baptiste.

Camaïeu à l'huile.

Haut. o m. 52 c. — Larg. o m. 37 e.

129. La Vierge, l'Enfant-Jésus et plusieurs saintes.

Sainte Anne, la Vierge et l'Enfant-Jésus apparaissent à sainte Justine et à sainte Dorothée.

Dessin à la plume et lavé. (Collections Crozat et Mariette.)

Haut. o m. 21 c. - Larg. o m. 16 c.

150. Adoration de la Vierge.

La Vierge au Rosaire, adorée par la famille Bargellini, représentée sous les costumes de saint Dominique, de saint François, de sainte Marthe, de sainte Marie-Madeleine.

Première pensée du tableau exécuté sur la demande de cette famille, en 1558, pour l'église *delle Convertite*, à Bologne.

Dessin à la plume et lavé.

Haut. o m. 21 c. - Larg. o m. 15 c.

151. Baptême dans un champ.

Dessin lavé et rehaussé de blanc.

H. ut. o m. 57 c. — Larg. o m. 40 c.

132. Plusieurs têtes.

Au-dessous de ce dessin est la copie qu'en a faite l'abbé Ma-
roulle, amateur, mort en 1727.

Dessin à la plume.

Haut. o m. 11 c. - *Larg.* o m. 18 c.

133. Des femmes assises.

Etude faite à la plume. (Collection Mariette.)

Haut. o m. 18 c. - *Larg.* o m. 18 c.

134. Décoration.

Dessin à la plume et lavé.

Haut. o m. 24 c. — *Larg.* o m. 32 c.

CARRACHE (Ecole des).

135. Saint Roch, patron des pestiférés.

Dessin à la plume et lavé.

Haut. o m. 19 c.—*Larg.* o m. 14 c.

CARRUCCI, *voir* PONTORMO.

CASOLANI (ALESSANDRO), *peintre, né en 1552, mort
en 1606 (École de Sienne).*

*Elève de Cristofano Roncalli, il décora une tour de
la Maison-de-Ville de Sienne, et fut appelé par les
habitans Alessandro della Torre. Son nom de famille
est inconnu, et on le désigna par celui de Casolani,
donné à ses parens lorsqu'ils abandonnèrent le château
de Casole pour s'établir à Sienne.*

136. Sainte Dorothée en prières.

Dessin à la plume et lavé.

Haut. o m. 12 c. - *Larg.* o m. 10 c.

157. Jésus-Christ offre à sainte Thérèse le choix de deux couronnes, l'une d'or, l'autre d'épines.

Ces deux compositions proviennent des collections Nic. Pio, Crozat et Mariette.

Dessin à la plume et lavé.

Haut. o m. 12 c. - *Larg.* o m. 09 c.

CASTELLO (BERNARDO), *peintre, né en 1557, mort en 1629* (École génoise).

Élève de Semini, et de Cambiasi, il se perfectionna par l'étude des chefs-d'œuvre que possédait l'Italie.

158. Abraham et les trois anges.

Abraham dit aux anges : « Si j'ai trouvé grâce devant » vos yeux, ne passez pas devant la maison de votre » serviteur sans vous arrêter. Je vous apporterai un peu » d'eau pour laver vos pieds ; et cependant vous vous ». reposerez sous cet arbre jusqu'à ce que je vous serve » un peu de pain pour reprendre vos forces, et vous » continuerez ensuite votre chemin. » (*Genèse.*)

Dessin lavé sur crayon et rehaussé de blanc.

Haut. o m. 17 c. - *Larg.* o m. 17 c.

CASTIGLIONE (GIO. BENEDETTO), surnommé LE GRECCHETTO, *peintre et graveur à l'eau-forte, né à Gênes en 1616, mort à Mantoue en 1670* (École génoise).

Il reçut des conseils de Paggi, de Van-Dick ; étudia les maîtres de l'école de Venise, et demeura long-temps à Rome. Ses productions sont nombreuses et variées.

159. Noé fait entrer les animaux dans l'arche.

Esquisse à l'huile.

Haut. o m. 40 c. — *Larg.* o m. 56 c.

140. Noé fait entrer les animaux dans l'arche.

Esquisse à l'huile.
Haut. o m. 29 c. — *Larg.* o m. 42 c.

141. Noé offre un sacrifice au sortir de l'arche.

« Noé, sorti de l'arche avec ses fils, sa femme et les
» enfans de ses fils, dressa un autel au Seigneur ; et
» prenant de tous les animaux et de tous les oiseaux
» purs, il les offrit en holocauste sur cet autel. » (*Genèse.*)

Esquisse légèrement coloriée à l'huile. (Collections Mariette
et Lempereur).
Haut. o m. 26 c. — *Larg.* o m. 31 c.

142. Le Père Éternel et le Saint-Esprit con-
templant Jésus qui vient de naître.

Dessin à la plume et lavé au bistre.
Haut. o m. 20 c. — *Larg.* o m. 14 c.

143. L'adoration des bergers.

Dessin colorié à l'aquarelle.
Haut. o m. 35 c. — *Larg.* o m. 49 c.

144. Sujet mystique.

Esquisse à l'huile.
Haut. o m. 28 c. — *Larg.* o m. 42 c.

145. Sujet tiré de l'Ane d'or d'Apulée.

La vieille, à qui les voleurs de l'Ane d'or ont confié
une jeune fiancée, leur captive, lui raconte les aventu-
res de Psyché pour calmer ses ennuis.

Esquisse légèrement coloriée à l'huile. (Collection Mariette.)
Haut. o m. 38 c. — *Larg.* o m. 58 c.

146. Troupeaux de bœufs et de moutons à l'a-
breuvoir.

Esquisse à l'huile.
Haut. o m. 28 c. — Larg. o m. 41 c.

147. Marche de bestiaux.

Esquisse à l'huile.
Haut. o m. 28 c. — Larg. o m. 41 c.

148. Une Bacchanale.

Esquisse à l'huile.
Haut. o m. 38 c. — Larg. o m. 26 c.

CATELANI (Pietro).

149. Saint Vincent Ferrier.

Saint Vincent Ferrier, à peine sorti de l'enfance,
console les malheureux infirmes, leur répète les ser-
mons prêchés dans les églises de Valence, reçoit de
ses parens le tiers de leurs biens, les distribue aux
pauvres, et particulièrement aux maisons religieuses.

Ce dessin a passé des collections du cardinal Santa Croce et
de Crozat dans celle de Mariette.

Dessin à la plume et lavé.
Haut. o m. 46 c. — Larg. o m. 36 c.

CAVEDONE (Jacopo), *peintre, né à Sassuolo, dans le Modénois, en 1577, mort en 1660. (École bolonaise.)*

*Élève de B. Passarotti, de B. Baldi et de Louis Car-
rache, il se perfectionna par l'étude des chefs-d'œuvre
de Rome et de Venise.*

150. L'Enfant-Jésus.

Sur les genoux de sa mère, le Sauveur bénit un saint
évêque et sainte Marguerite.

Dessin à la plume, légèrement lavé et rehaussé de blanc, sur
papier rougeâtre.
Haut. o m. 40 c. — Larg. o m. 26 c.

131. Apparition de la Vierge aux saints évêques Eloi et Pétrone.

La Vierge, tenant son fils dans ses bras, apparaît dans les airs aux saints évêques Eloi et Pétrone ; deux anges accompagnent saint Pétrone : le premier tient un livre ouvert, le second la crosse pastorale.

Esquisse faite au pinceau, sur papier huilé.

Haut. o m. 45 c. — *Larg.* o m. 28 c.

132. La Vierge, l'Enfant-Jésus et saint François d'Assise.

Saint François d'Assise reçoit dans ses bras l'Enfant-Jésus, qui lui est confié par la Vierge.

Dessin à la plume, légèrement lavé et rehaussé de blanc, sur papier bistré.

Haut. o m. 33 c. — *Larg.* o m. 23 c.

CESARI, *voir* Josepin.

CIGNANI (Carlo), *peintre, né en* 1628, *mort en* 1719 (École bolonaise).

Elève de Gio. Batista Cairo et d'Albane, il se perfectionna par l'étude des chefs-d'œuvre du Corrège, d'Annibal Carrache, s'établit et termina sa carrière à Forli, où il avait peint la coupole de la Madonna del Fuoco.

133. Délivrance des âmes du purgatoire.

Saint Antoine de Padoue obtient de l'Enfant-Jésus, par l'intercession de la Vierge, la délivrance des âmes du purgatoire.

Dessin à la plume et en partie lavé.

Haut. o m. 32 c. — *Larg.* o m. 22 c.

154. L'enlèvement d'Europe.

La fille d'Agénor admirait la beauté et la douceur du taureau. Cependant elle n'osait pas encore en approcher. Bientôt elle se rassure, le caresse avec la main, pare ses cornes de guirlandes de fleurs, et ne s'imaginant pas que ce fût son amant, elle a la hardiesse de monter sur son dos. (*Ovide.*)

Dessin à la plume et lavé. (Collection Mariette.)

Haut. o m. 15 c. — *Larg.* o m. 20 c.

155. Un amour.

Dessin aux crayons noir et blanc estompé.

Haut. o m. 39 c. — *Larg.* o m. 25 c.

156. Un mascaron.

Dessin lavé sur crayon, rehaussé de blanc.

Haut. o m. 39 c. — *Larg.* o m. 25 c.

CIGNAROLI (Gio. Betino), *peintre, né a Vérone en 1706, mort en 1770* (École vénitienne).

Elève de Balestra, il se perfectionna en étudiant les peintures de l'école de Bologne.

157. La Sainte-Famille en voyage.

Saint Joseph prend l'Enfant-Jésus des bras de la Vierge pour le passer au-delà d'un torrent; un ange lui indique le chemin; un second suit la mère du Sauveur et porte le bagage.

Dessin lavé sur un trait fait à la pointe du pinceau. (Collection Mariette.)

Haut. o m. 46 c. — *Larg.* o m. 32 c.

CIRO FERRI, *peintre, né en 1634, mort en 1689* (École romaine.)

Elève de Pietre de Cortone, qu'il a beaucoup aidé

pendant sa vie; il acheva, après la mort de son maître, plusieurs peintures qui n'étaient pas terminées.

158. Baptême de Jésus.

En présence de la Cour céleste, Jésus est baptisé par le précurseur, dans les eaux du Jourdain.

Dessin à la plume, lavé et rehaussé de blanc.
Haut. o m. 25 c. — Larg. o m. 18 c.

CLOVIO (Don Giulio), *miniaturiste, né dans la Croatie en 1498, mort en 1578 (École romaine).*

Il obtint du pape les dispenses nécessaires pour n'être plus chanoine régulier, suivit les conseils de Jules Romain, et apprit la miniature de Girolamo da libri.

159. Jésus donne à saint Pierre les clés du paradis.

Jésus-Christ donne à saint Pierre, en présence des Apôtres, les clés, symbole de la puissance pontificale.

Miniature sur vélin.
Haut. o m. 39 c. — Larg. o m. 29 c.

COCCAPANI (Sigismondo), *peintre et architecte, né en 1583, mort en 1642 (École florentine).*

Élève de Lodovico Cardi, il aida son maître dans ses travaux; peignit peu pour les édifices publics, inventa une nouvelle manière de dessiner les portraits (il se servait de couleurs en poudre et d'estompes en papier).

160. Saint Antonin, archevêque de Florence, reproche à deux aveugles leur avarice.

Un habitant de Florence avait exposé à saint Anto-

nin, que la misère l'empêchait de pourvoir à l'établissement de ses trois filles. Le saint prélat n'ayant plus
rien dont il pût disposer, lui conseilla de visiter chaque
jour l'église della Nunziata et l'assura que la Vierge
viendrait à son secours. Cet homme, en se rendant un
jour à l'église, entendit deux aveugles qui se vantaient
d'avoir, l'un 200 ducats cachés dans son bonnet, et
l'autre 300 dans son pourpoint. L'archevêque, informé
de ce propos, fait venir les deux aveugles, blâme leur
avarice, exige d'eux 450 ducats, qui servirent à l'établissement des trois florentines.

Première pensée du sujet peint par Coccapani à Florence,
dans le cloître de Saint-Marc.

Dessin à la plume et lavé d'indigo. (Collection Mariette).

Haut. o m. 21 c. — Larg. o m. 40 c.

COELLO (Claudio), *peintre et graveur. On ignore la
date de sa naissance ; mort en 1693 (École espagnole).*

*Élève de Ricci, il se perfectionna en étudiant les ta-
bleaux du Titien, de Rubens et de Van=Dyck, placés
dans les Palais royaux de Madrid et de l'Escurial.
Il a fait quelques peintures à fresque avec José Do-
noso et avec Francisco de Solis.*

161. Six portraits d'hommes.

Plusieurs portent l'habit ecclésiastique ou religieux.

Dessins aux crayons rouge et noir.

Les grands : Haut. o m. 16 c. — Larg. o m. 13 c.
Les petits : Haut. o m. 11 c. — Larg. o m. 10 c.

CORREGE (Antonio Allegri ou Lieto *dit* le),
*peintre, né à Corregio dans le Modénois, en 1494,
mort en 1534 (École de Parme).*

Ses maîtres sont inconnus ; on sait seulement qu'il

étudia avec Antonio Begarelli, sculpteur habile, dont plusieurs figures en terre cuite lui sont attribuées. Les principaux ouvrages du Corrège ont été exécutés en partie à Parme

162. La Vierge et l'Enfant-Jésus.

Première pensée du tableau dit *la Madonna della Scodella.*

Dessin à la plume et au bistre.

Haut. o m. 25 c. — *Larg.* o m. 20 c.

163. La Vierge portée par les anges.

Étude.

Dessin à la sanguine.

Haut. o m. 25 c. — *Larg.* o m. 19 c.

164. Saint Jean-Baptiste porté dans le ciel par des anges.

Esquisse à la sanguine d'un pendentif de la coupole de Saint-Jean à Parme.

Haut. o m. 3o c. — *Larg.* o m. 20 c.

165. Une tête d'ange.

Dessin aux trois crayons et au pastel.

Haut. o m. 36 c. — *Larg.* o m. 3o c.

166. Une tête d'ange.

Dessin à la sanguine.

Haut. o m. 26 c. — *Larg.* o m. 23 c.

167. Une tête d'ange.

Dessin aux trois crayons.

Haut. o m. 36 c. — *Larg.* o m. 28 c.

168. Le martyre de sainte Placide et de sainte Fulvie.

Dessin à la sanguine, rehaussé de blanc.

Haut. o m. 22 c. — *Larg.* o m. 31 c.

169. La charité.

Dessin à la sanguine.
Haut. o m, 18 c. — Larg. o m. 18 c.

170. Une femme nue et endormie au milieu de plusieurs amours.

Dessin à la sanguine.
Haut. o m. 26 c. — Larg. o m. 20 c.

171. La vertu victorieuse des vices.

Elle tient un casque, une lance brisée, et foule aux pieds ses ennemis, caractérisés par la tête de loup, la queue de serpent et les serres d'un oiseau de proie. Des deux compagnes assises à ses côtés, l'une représente les vertus cardinales dont elle porte les emblêmes, le frein, l'épée, la peau de lion et le serpent qui est entrelacé dans ses cheveux : l'autre, en mesurant un globe avec un compas, et montrant le ciel, désigne qu'elle préside aux connaissances divines et humaines. La poésie, la renommée, la muse de l'histoire, planent dans les airs, et la victoire couronne la vertu.

Peinture à la gouache.
Haut. 1 m. 43 c. — Larg. o m. 86 c.

172. L'homme sensuel.

Attaché au plaisir par l'habitude, ravi par les charmes de la volupté, il est bientôt atteint par les angoisses de la douleur et du repentir.

Peinture à la gouache.
Haut. 1 m. 43 c. — Larg. o m. 86 c.

Ces deux tableaux faisaient partie des objets d'arts que le duc de Mantoue vendit au roi d'Angleterre Charles Ier, quelque temps avant le sac de Mantoue par les impériaux, en 1630. Après la mort de Charles Ier, ils furent achetés par M. Jabach à la vente publique des meubles de ce prince, ordonnée par Cromwel, et depuis vendus à Louis XIV. Ils ont été gravés par Picard le Romain. M. R.

75. Deux têtes l'une de vieillard, l'autre de jeune homme.

Dessin au crayon et au pastel.

Haut. o m. 20 c. — Larg. o m. 26 c.

CREDI (Lorenzo Sciarpelloni di), *peintre, né a Florence vers l'an 1453, mort après 1531, à 78 ans. (École florentine).*

Il n'est connu que sous le nom de son premier maître, qui était orfèvre et s'appelait Credi. Entré dans l'école d'Andrea del Verrochio, il s'y lia d'amitié avec le Pérugin et Léonard de Vinci, et s'attacha particulièrement au style de ce dernier.

174. Adoration des bergers.

Jésus nouvellement né, est adoré par les bergers, la Vierge et la Sainte-Famille.

Credi a peint ce sujet avec quelques changemens, pour les religieuses de Ste.-Claire, à Florence.

Dessin à la plume.

Haut. o m. 22 c. — Larg. o m. 21 c.

175. Tête de vieillard à demi-chauve, vue de trois quarts.

Dessin à la plume et au pinceau.

Haut. o m. 17 c. — Larg. o m. 15 c.

176. Tête de vieillard, vue de face.

Dessin au crayon noir, rehaussé de blanc, sur papier de couleur. (Collection Mariette.)

Haut. o m. 30 c. — Larg. o m. 22 c.

177. Un vieillard, buste vu de trois quarts.

Dessin à la mine de plomb, sur papier rougeâtre.

Haut. o m. 22 c. — Larg. o m. 17 c.

178. Tête de jeune homme.

Dessin fait à la pointe du pinceau et rehaussé de blanc, sur papier rougeâtre.

Haut. 0 m. 18 c. — *Larg.* 0 m. 14 c.

179. Tête de jeune homme coiffé d'une calotte.

Dessin à la mine de plomb, rehaussé de blanc.

Haut. 0 m. 25 0. — *Larg.* 0 m. 19 c.

CREMISONI (Filippo).

180. Arabesques.

Dessin à la plume et lavé sur un fond colorié en jaune.

Haut. 0 m. 51 c. — *Larg.* 0 m. 65.

CRESPI (Daniel), *peintre, né en 1590, mort en 1630 (École milanaise).*

Elève de Gio. Batista Crespi, dit il Cerano, et de Giulio Cesare Procaccini. C'est à Milan où la plus grande partie de ses peintures est conservée. Il y mourut de la peste dans un âge peu avancé.

181. Elévation de Jésus sur la croix.

Première pensée de la peinture exécutée par Crespi dans l'église de Santa Maria della Passionne à Milan.

Dessin à la plume et lavé.

Haut. 0 m. 40 c. — *Larg.* 0 m. 18 c.

CRESPI (Giuseppe Maria, *dit* lo Spagnuolo), *peintre et graveur, né à Bologne en 1665, mort en 1747 (École bolonaise).*

La recherche dans ses habillemens lui a fait donner le

surnom de Spagnuolo. Il eut pour maîtres Canuti et Ci-
gnani ; il étudia les ouvrages des Carrache, du Corrège,
du Guerchin, des Vénitiens, et se forma un style parti-
culier.

182. Saint Jean l'Aumônier distribuant des secours.

Saint Jean l'Aumônier, nommé patriarche d'Alexandrie contre son gré, donnait des audiences publiques à
des jours marqués pour distribuer des secours spirituels
et temporels à tous ceux qui se présentaient.

Dessin de forme ovale, fait à la sanguine. (Collection
Mariette.)

Haut. o m. 36 c. — *Larg* o m. 28 c.

CRETI (DONATO), *peintre, né a Crémone en* 1671, *mort*
en 1749 (École bolonaise).

Élève de Lorenzo Pasinelli, il fut partisan des pein-
tures et surtout des dessins du Pesarese.

183. Saint Pierre pénètre dans la prison de sainte
Agathe.

Saint Pierre, accompagné d'un ange tenant une
torche, a pénétré dans la prison où sainte Agathe
était enfermée. Il la console après avoir guéri la ma-
melle que Quintien, gouverneur de la Sicile, lui avait
fait arracher.

Dessin à la plume, lavé et rehaussé de blanc. (Collection
Mariette.)

Haut. o m. 42 c. — *Larg.* o m. 29 c.

184. Jeune aveugle demandant l'aumône à un
mendiant.

Dessin à la plume.

Haut. o m. 14 c. — *Larg.* o m. 14 c.

185. Croquis.

L'artiste a esquissé une Sainte-Famille en repos et une mère assise près de son enfant.

Dessin à la plume.

Haut. o m. 19 c. — Larg. o m. 24 c.

CUNGI (Leonardo), *peintre, vivait en 1540 (École florentine).*

Les biographes ne sont pas d'accord sur son nom, et l'appellent Cangi, Cugni, Cugini, etc. Il étudia les ouvrages de Michel-Ange, et travailla long-temps avec Taddeo Zuccaro.

186. Adoration des bergers.

Les bergers, avertis par les anges de la naissance de Jésus, l'adorent et lui apportent des présens.

Dessin à la plume, lavé et rehaussé de blanc, sur papier bleu.

(Collection Vasari).

Haut. o m. 35 c. — Larg. o m. 27 c.

DANIEL DE **VOLTERRE** (Daniele Ricciarelli), *peintre et sculpteur, mort à Rome en 1566 (École florentine).*

Élève du Sodoma et de Peruzzi, il reçut les conseils de Michel-Ange.

187. Descente de croix.

Les disciples déposent de la croix Jésus mort entre les deux larrons, et les saintes femmes secourent la Vierge évanouie à la vue de ce spectacle douloureux.

Dessin à la plume, lavé et cintré du haut. (Collection Mariett.)

Haut. o m. 35 c. — Larg. o m. 23 c.

188. Descente de croix.

Dessin à la plume, lavé au bistre.
Haut. o m. 3o c. — *Larg.* o m. 22 c.

189. Jésus déposé de la croix.

Déposé de la croix et rayonnant de gloire, Jésus, pleuré par les saintes femmes, est soutenu par la Madeleine.

Cette composition, donnée depuis long-temps à Daniel, est attribuée à présent à un maître plus moderne.

Dessin au crayon noir.
Haut. o m. 25 c. — *Larg.* o m. 19 c.

190. Femme à genoux.

Etude à la sanguine.
Haut. o m. 42 c. — *Larg.* o m. 31 c.

191. Femme drapée.

Ces deux figures sont dessinées d'après celles qui se voient dans la descente de croix, peinte à fresque dans l'église de la Trinité-du-Mont, à Rome.

Etude à la sanguine.
Haut. o m. 38 c. — *Larg.* o m. 34 c.

DOMINIQUIN (DOMENICO ZAMPIERI, *dit* le), *peintre et architecte, né à Bologne en* 1581, *mort en* 1641.

Il passa de l'école de Denis Calvart, peintre Flamand, dans celle des Carrache.

192. Saint Luc, évangéliste.

Composition de l'un des pendentifs de la coupole de Saint-André della Valle, à Rome.

Dessin à la plume et lavé au bistre.
Haut. o m. 16 c. — *Larg.* o m. 12 c.

193. Adam et Eve.

Le tableau de ce dessin se voit à Rome au palais Colonna.

Haut. 1 m. 24 c. — Larg. 1 m. 74 c.

194. Le pape Urbain donne sa bénédiction à sainte Cécile expirante.

Une femme debout témoigne son effroi; deux autres recueillent le sang de la sainte (dont la figure manque).

Dessin pour l'une des peintures exécutées à Rome, dans l'église de Saint-Louis des Français.

Portion de carton dessiné sur papier bleu à la pierre noire et rehaussé de blanc.

Haut. 2 m. 20 c. — Larg. 1 m. 47 c.

195. Autre portion du même carton.

Une jeune fille à genoux, un vieillard, une femme debout, tenant un enfant par la main, expriment l'horreur qu'ils éprouvent à l'aspect des angoisses de la Sainte.

Haut. 2 m. 18 c. — Larg. 1 m. 47 c.

196. Apothéose de sainte Cécile.

Des anges soutiennent sainte Cécile qui s'élève vers le ciel. Ils portent son orgue, la palme méritée par son courage, et le glaive, instrument de son supplice.

Portion du carton dessiné sur papier gris, aux crayons noir et blanc, qui a servi au Dominiquin pour peindre la voûte de la chapelle de Sainte-Cécile, dans l'église de Saint-Louis des Français, à Rome.

Haut. 2 m. 27 c. — Larg. 1 m. 91 c.

197. Martyre de saint Sébastien.

Le tableau se voit à Rome dans l'église des Chartreux.

Dessin au crayon noir, lavé et rehaussé de blanc.

Haut. 2 m. 02 c. — Larg. 1 m. 19 c.

198. Le martyre de saint André.

Dessin à la plume lavé, et dont la composition a été peinte dans l'église de Saint-André della Valle, à Rome.

Haut. o m. 44 c. — Larg. o m. 34 c.

199. Les stygmates de saint François.

Dessin au crayon noir, lavé et rehaussé de blanc.

Haut. 1 m. 25 c. — Larg. 1 m. 84 c.

200. La décolation de deux saints.

Dessin à la plume et lavé.

Haut. o m. 17 c. — Larg. o m. 14 c.

201. Vue des bords du Tibre et de l'ancien prieuré de Malte, à Rome.

Dessin à la plume.

Haut. o m. 26 c. — Larg. o m. 54 c.

202. Paysage.

A droite, sur le premier plan, des joueurs ; à gauche, un mulet chargé de caissons et de son conducteur.

Dessin à la plume. (Collection Mariette.)

Haut. o m. 28 c. — Larg. o m. 42 c.

203. Un nain jouant de la guitare.

Dessin à la plume.

Haut. o m. 26 c. — Larg. o m. 19 c.

204. Jeune homme vu à mi-corps en action de porter un fardeau.

Dessin au crayon noir, lavé et rehaussé de blanc.

Haut. o m. 87 c. — Larg. o m. 68 c.

205. Femme vue à mi-corps.

Dessin au crayon noir, lavé et rehaussé de blanc.

Haut. o m. 74 c. — Larg. o m. 63 c.

206. Tête de vieillard.

> Dessin aux crayons noir et blanc.
> *Haut. o m. 36 c. — Larg. o m. 26 c.*

207. Tête de femme.

D'après l'une de celles du tableau du Rosaire.

> Dessin aux crayons noir et blanc.
> *Haut. o m. 36 c. — Larg. o m. 25 c.*

208. Tête d'enfant.

> Dessin aux crayons noir et blanc.
> *Haut. o m. 26 c. — Larg. o m. 20 c.*

DOSSI DOSSO, *peintre de Ferrare, mort dans un âge avancé, vers 1560 (École de Ferrare).*

Il est élève de Lorenzo Costa.

209. Une duchesse de Ferrare accompagnée d'une autre dame et d'une suivante.

On présume que la duchesse est Lucrèce Borgia, fille du pape Alexandre VI, qui fut mariée en secondes noces à Alphonse Ier, en 1501, et mourut en 1520.

> Étude dessinée avec le pinceau et rehaussée de blanc.
> *Haut. o m. 32 c. — Larg. o m. 22 c.*

ÉCOLE FLORENTINE.

210. Plusieurs actions de la vie de Joseph.

Au centre de cette composition circulaire, Pharaon est représenté submergé avec son armée.

> Dessin à la plume lavé et rehaussé de blanc, paraissant avoir été composé pour servir à l'ornement d'un vase.
> *Diam. o m. 55 c.*

211. La Sainte-Famille et saint Benoît.

Dessin lavé et rehaussé de blanc.
Haut. o m. 22 c. — Larg. o m. 22 c.

212. La mort de la Vierge.

Dessin à la plume lavé et rehaussé de blanc.
Haut. o m. 36 c. — Larg. o m. 24 .

213. Martyre d'une sainte.

Dessin à la plume et lavé.
Haut. o m. 76 c. — Larg. o m. 47 c.

214. Présens apportés à un souverain.

Dessin lavé et rehaussé de blanc.
Haut. o m. 32 c. — Larg. o m. 46 c.

215. Une frise chargée d'ornemens variés.

On y remarque, dans un cadre, Mercure qui endort
Argus au son de sa flûte.

Dessin à la plume et lavé.
Haut. o m. 15 c. — Larg. o m. 41 c.

216. Divers croquis.

Haut. o m. 12 c. — Larg. o m. 20 c.
Ces deux dessins paraissent faits à la mine de plomb fixée.

ÉCOLE ITALIENNE.

217. La Sainte-Famille.

Grisaille à l'huile.
Haut. o m. 38 c. — Larg. o m. 28 c.

218. La Cêne.

Grisaille à l'huile.
Haut. o m. 29 c. — Larg. o m. 36 c.

219. Mercure précède deux jeunes filles qui portent des fleurs.

> D. ssin à la plume, lavé au bistre et rehaussé de blanc.
>
> *Haut. o m. 25 c. — Larg. o m. 20 c.*

220. Didon visite avec Énée la ville de Carthage.

> Dessin à la plume et rehaussé de blanc, sur papier colorié.
>
> *Haut. o m. o8 c. — Larg. o m. o8 c.*

221. Deux figures d'hommes debout et drapées.

> Dessin lavé sur crayon.
>
> *Haut. o m. 43 c. — Larg. o m. 24 c.*

222. Arabesques.

> Dessin à la plume, lavé et rehaussé de blanc.
>
> *Haut. o m. 90 c. — Larg. o m. 27 c.*

ÉCOLE LOMBARDE.

223. Le Père-Eternel dans sa gloire et les anges rebelles foudroyés.

> Camaïeu à l'huile pour un plafond.
>
> *Haut. o m. 43 c. — Larg. o m. 82 c.*

224. Le jeune Tobie reçu chez Raguel.

> Dessin à la plume et rehaussé de blanc.
>
> *Haut. o m. 10 c. — Larg. o m. 12 c.*

225. La Vierge et l'Enfant-Jésus.

> Dessin lavé sur crayon.
>
> *Haut. o m. 31 c. — Larg. o m. 27 c.*

226. La Vierge, l'Enfant-Jésus et plusieurs autres saints personnages.

Dessin à la plume, lavé et rehaussé de blanc.
Haut. o m. 34 c. — Larg. o m. 25 c.

227. Apparition de la Vierge à saint François
d'Assise.

Dessin à la plume, lavé et rehaussé de blanc.
Haut. o m. 56 c. — Larg. o m. 38 c.

228. Composition mystique.

Dessin lavé et rehaussé de blanc.
Haut. o m. 26 c. — Larg. o m. 33 c.

229. L'évangéliste saint Marc.

Dessin lavé sur crayon et rehaussé de blanc.
Haut. o m. 49 c. — Larg. o m. 26 c.

230. Colonnade soutenant trois arcs, au milieu
desquels on voit saint Benoît, la Vierge im-
maculée et sainte Scholastique.

Dessin à la plume et lavé.
Haut. o m. 87 c. — Larg. o m. 71 c.

231. Mercure part pour exécuter les ordres de
Jupiter.

Dessin à la plume, lavé et rehaussé de blanc.
Haut. o. m. 70 c. — Larg. o m. 46 c.

232. Tête d'homme.

Dessin lavé sur crayon.
Haut. o m. 56 c. — Larg. o m. 41 c.

233. Paysage.

> *Dessin à la plume.*
> *Haut. o m. 5o c. — Larg. o m. 71 c.*

ÉCOLE ROMAINE.

234. La Cène.

> *Dessin à la gouache.*
> *Haut. o m. 38 c. — Larg. o m. 55 c.*

ÉCOLE VÉNITIENNE.

235. L'adoration des Mages.

> *Esquisse à l'huile.*
> *Haut. o m. 53 c. — Larg. o m. 45 c.*

236. Jésus donne les clés à saint Pierre.

> *Esquisse à l'huile.*
> *Haut. o m. 39 c. — Larg. o m. 22 c.*

237. Un homme debout.

> *Dessin aux crayons noir et blanc.*
> *Haut. o m. 4o c. — Larg. o m. 26 c.*

238. Tête d'homme ; étude.

> *Dessin au crayon noir.*
> *Haut. o m. 3o c. — Larg. o m. 21 c.*

ESPAGNOLET (José ou Jusepe de Ribera, *dit* l'),
*peintre et graveur à l'eau-forte, né le 12 janvier 1588, à
San-Felipe-de-Xativa, près Valence, en Espagne, mort
à Naples en 1659 (École espagnole).*

Élève de Francisco Ribalta, il quitta l'atelier de son maître pour se rendre en Italie, où il étudia d'abord les ouvrages de Raphaël et des Carrache. Il fut admis pendant quelque temps dans l'école de Michel-Ange et du Caravage. Après avoir été à Parme, où il copia les ouvrages du Corrège, il se fixa à Naples et y fut nommé peintre du vice-roi. On distingue parmi ses élèves Luca Giordano. Ribera fut reçu en 1630 à l'académie de St-Luc, à Rome, et nommé, en 1444, chevalier de l'ordre du Christ par le Pape.

239. Jésus chez Simon le Pharisien.

« En même temps une femme de la ville, qui était
» de mauvaise vie, ayant su que Jésus était à table chez
» un Pharisien, y vint avec un vase d'albâtre plein
» d'huile de parfum, et se tenant à ses pieds, elle
» commença à les arroser de ses larmes, et elle les
» essuyait avec ses cheveux ; elle les baisait, et y ré-
» pandait des parfums. » (*Saint Luc.*)

Dessin à la plume et lavé. (Collection Mariette.)

Haut. o m. 25 c. — *Larg.* o m. 19 c.

240. Le martyre de saint Barthélemy.

Dessin à la plume et lavé. (Collection Mariette.)

Haut. o m. 27 c. — *Larg.* o m. 18 c.

ESTEBAN MURILLO, *voir* MURILLO.

FACINI (PIETRO), *peintre bolonais, mort en 1602, dans un âge peu avancé.*

Il fréquenta, comme amateur, l'école des Carrache ; quelques essais heureux décidèrent Annibal à engager Facini à faire des études plus sérieuses, qui furent couronnées de succès, et il ouvrit une école à Bologne.

241. Le retour de l'enfant prodigue.

Camaïeu à l'huile.

Haut. m. 29 c. — *Larg.* o m. 20 c.

3*

242. Présentation de la Vierge.

Dessin à la plume et lavé au bistre.
| Haut. o m. 29 c. — Larg. o m. 21 c.

243. La résurrection de Lazare.

Dessin à la plume et lavé au bistre.

244. Apollon écorche Marsias.

Dessin à la plume lavé.
Haut. o m. 34 c. — Larg. o m. 20 c.

245. Derniers momens de saint François d'Assise.

Saint François d'Assise sentant sa fin approcher, se
dépouille de ses vêtemens, et reçoit les sacremens au
milieu des religieux de son ordre.

Dessin à la plume et lavé.
Haut. o m. 34 c. — Larg. o m. 25 c.

FARINATO (PAOLO), *peintre, architecte et graveur, né
à Vérone en 1522, mort en 1606 (École vénitienne).*

*Etait d'une famille distinguée de Florence. Il vint
s'établir à Vérone pendant les guerres civiles entre les
Guelfes et les Gibelins. Elève de Golfino, peintre de
Vérone, il étudia les grands maîtres de Venise et de
Rome, et s'adonna en même temps à l'architecture
et la sculpture.*

246. Allégorie en l'honneur de Jacopo Foscarini.

Venise avait éprouvé une disette en 1570; son ar-
senal avait été incendié à la même époque. Luigi
Mocenigo succédait au doge Pietro Loredano, lors-
que Venise fut approvisionnée par Jacopo Foscarini.
On présume que Farinato avait voulu désigner par
Pégase, qui d'un coup de pied fait jaillir une fontaine

et de l'autre ouvre les greniers où l'avarice entasse les grains, l'arrivée de vivres envoyés de la Grèce à Venise par les soins de Foscarini.

> Dessin à la plume, lavé et rehaussé de blanc. (Collection Vasari.)
>
> Haut. o m. 43 c. — Larg. o m. 58 c.

247. Deux jeunes hommes sont transportés vers le ciel dans un char attelé de quatre chevaux.

Ce sujet a été gravé en clair-obscur par Nicolas Lesueur, et l'on a présumé qu'il représentait l'entreprise téméraire de Phaéton.

> Dessin à la plume, lavé et rehaussé de blanc.
> (Collections Crozat et Mariette.)
>
> Haut. o m. 40 c. — Larg. o m. 28 c.

248. Une bataille.

> Dessin à la plume, lavé et rehaussé de blanc.
>
> Haut. o m. 22 c. — Larg. o m. 86 c.

FETI (DOMENICO), *peintre, né à Rome en* 1589, *mort à Venise en* 1624 (École romaine).

Élève de Cardi da Cigoli, il étudia à Mantoue les ouvrages de Jules Romain, et à Venise ceux des peintres de cette école.

249. Sainte Véronique.

Bérénice, femme Juive, que la tradition populaire désigne encore par le nom de Véronique, montre le linge sur lequel elle reçut l'impression des traits sacrés du Sauveur.

> Dessin lavé au bistre. (Collection Mariette.)
>
> Haut. o m. 14 c. — Larg. o m. 10 c.

250. Saint Savinien baptisé par un ange.

> Dessin lavé sur crayons et rehaussé de blanc.
>
> Haut. o m. 47 c. — Larg. o m. 36 c.

FIALETTI (EDOARDO), *peintre et graveur à l'eau-forte, né en 1573, mort en 1638 (École vénitienne).*

Élève de J.-B. Cremonini et du Tintoret. Il quitta Bologne pour se soustraire à l'influence des Carrache, fixa sa demeure à Venise, où il exécuta ses principaux ouvrages.

251. Jésus chez Caïphe.

« Les Juifs s'étant donc saisis de Jésus, l'emmenèrent » chez Caïphe, qui était grand-prêtre, où les scribes et » les anciens étaient assemblés. » (*Saint Mathieu.*)

Dessin à la plume et lavé.

Haut. o m. 24 c. — Larg. o m. 09 c.

FIAMMERI (IL PADRE GIO. BATISTA), *peintre, sculpteur et jésuite florentin, mort dans un âge avancé, au commencement du Pontificat de Paul V.*

D'après la notice donnée par Baglione sur cet artiste, il paraît qu'il s'était particulièrement adonné à la sculpture avant d'entrer dans la compagnie de Jésus; que depuis cette époque, il cultiva la peinture et qu'il orna de ses ouvrages plusieurs églises desservies par les religieux de son ordre.

252. Adoration du Christ.

Le Christ soutenu par un ange, est adoré par saint Jean-Baptiste, saint Jérôme, saint Augustin et saint Paul.

Dessin au crayon noir, fait en 1573. (Collection Vasari.)

Haut. o m. 41 c. — Larg. o m. 28 c.

FIESOLE (FRA GIOVANNI DA), *peintre et miniaturiste, né vers 1387 (École florentine).*

Son nom était Santi Tosini avant qu'il entrât dans

l'ordre de Saint-Dominique, et depuis qu'il eut pris l'habit, la pureté de sa conduite le fit souvent appeler Beato Giovanni Angelico. Contemporain de Masaccio et de Gentile da Fabriano, et non leur élève, si toutefois les dates de leur naissance sont certaines, il travaillait encore en 1457 pour la cathédrale d'Orvieto.

253. Le couronnement de la Vierge.

En présence de la hiérarchie céleste, la Vierge, prosternée aux pieds de Jésus-Christ, reçoit de son fils la couronne immortelle.

Pour désigner avec précision les élus représentés, Fra Giovanni, selon la coutume du temps, a écrit le nom des uns autour de l'auréole ou sur les bords de l'habit, et donné aux autres les symboles qui servent à les faire reconnaître.

Haut. 2 m. 12 c. — Larg. 2 m. 09 c.

Les sept petits tableaux placés au=dessous du tableau principal offrent plusieurs traits de la vie de saint Dominique :

1° La vision du Pape Innocent III. Pendant son sommeil, saint Dominique lui apparaît soutenant de toutes ses forces l'église de Saint-Jean=de-Latran, à Rome, près de s'écrouler.

Haut. 0 m. 29 c. — Larg. 0 m. 30 c.

2° Saint Dominique, ayant obtenu en 1216 la confirmation de l'ordre des frères prêcheurs, faisait sa prière dans l'église de Saint-Pierre à Rome, lorsqu'il vit venir à lui saint Pierre et saint Paul : le premier lui donnait un bâton, le deuxième un livre, en lui disant : « Va prêcher ; Dieu t'a choisi pour ce ministère. » Le fond représente l'intérieur de l'ancienne basilique de Saint-Pierre.

Haut. 0 m. 29 c. — Larg. 0 m. 30 c.

3° Le neveu du cardinal Etienne de Fosse-Neuve, se promenant dans Rome, à cheval, tomba sur le pavé et se tua ; mais saint Dominique, à la prière du cardinal et de Tancrède, frère prêcheur, le ressuscita.

Haut. 0 m. 29 c. — Larg. 0 m. 31 c.

4º La Vierge et saint Jean assis près des instrumens de la Passion et du tombeau qui renfermait le corps de Jésus avant sa résurrection.

Haut. o m. 29 c. -- Larg. o m. 24 c.

5º Les Albigeois ayant jeté au feu l'ouvrage de saint Dominique où il réfutait leurs erreurs, le livre en sortit de lui-même à trois fois sans être endommagé.

Haut. o m. 29 c. --- Larg. o m. 3o c.

6º Au rapport des légendaires, saint Dominique n'ayant point de quoi nourrir ses disciples, les faisait cependant asseoir à table, et les anges leur apportaient en abondance la nourriture nécessaire.

Haut. o m. 29 c. -- Larg. o m. 3o c.

7º Avant de mourir, saint Dominique aperçoit dans une vision la Vierge entourée d'anges, qui attendaient son âme pour la guider vers son créateur.

Haut. o m. 29 c. -- Larg. o m. 3o c.

234. Saint François d'Assise debout, tenant un livre à la main.

Dessin sur papier de couleur fauve, lavé au bistre et rehaussé de blanc. (Collections du duc de Sommerset et de Ph. H. Lauchrinck.)

Haut. o m. 17 c. — Larg. o m. 12 c.

FILIPPI ou **FILIPEPI**, *voir* BOTTICELLI.

FONTANA (PROSPERO), *peintre, né à Bologne en 1512, mort en 1597.*

Élève d'Innocenzio Francucci da Imola. Il a travaillé avec Perino del Vaga et Vasari; de retour à Bologne, il ouvrit une école qui a été florissante, et dans laquelle les Carrache ont commencé à développer leurs talens.

255. La Vierge visite sainte Elisabeth.

Dessin de forme ovale, à la plume, lavé et rehaussé de blanc.

Haut. 0 m. 17 c. — Larg. 0 m. 13 c.

FRA BARTOLOMMEO (*dit* DELLA PORTA, *et quelquefois désigné sous le nom de* IL FRATE), *peintre, né à Avignano en 1469, mort à Florence en 1517 (École florentine).*

Élève de Cosimo Roselli, il étudia les ouvrages de Léonard de Vinci. Fra Bartolommeo fut un des premiers artistes qui se servit de mannequin; il a été l'ami de Marietto Albertinelli, avec lequel il exécuta ses premiers ouvrages. Il connut les principes du clair-obscur, les communiqua à Raphaël, qui lui apprit les règles de la perspective.

256. La nativité de Jésus

Dessin à la plume.

Haut. 0 m. 22 c. — Larg. 0 m. 25 c.

257. La Vierge, l'Enfant-Jésus et plusieurs saints.

La Vierge, assise sur son trône, présente l'Enfant-Jésus à l'adoration de saint François d'Assise, de saint Augustin et de sainte Catherine d'Alexandrie.

Dessin à la plume, lavé et rehaussé de blanc.

Haut. 0 m. 38 c. — Larg. 0 m. 28 c.

258. Le couronnement de la Vierge.

Dessin à la plume.

Haut. 0 m. 22 c. — Larg. 0 m. 15 c.

259. Tête de moine.

Dessin à la sanguine.
Haut. o m. 15 c. — *Larg.* o m. 17 c.

260. Etude de mains.

Dessin à la sanguine.

FRA BASTIANO, *voir* SÉBASTIEN DEL PIOMBO.

FRANCESCHINI (le chévalier MARC-ANTONIO), *peintre, né à Bologne en 1648, mort en 1729 (École de Bologne).*

Élève de Cigani, il exécuta un grand nombre d'ouvrages à fresque.

261. Saint Nicolas, évêque de Mira, au milieu de deux autres saints portés sur des nuages.

Dessin à la plume, lavé et rehaussé de blanc.
Haut. o m. 32 c. — *Larg.* o m. 21 c.

FRANCIA (FRANCESCO RAIBOLINI, surnommé), *peintre, orfèvre et graveur en médailles, né vers 1450, mort en 1535 (École bolonaise).*

Il avait acquis une brillante réputation par ses ouvrages en orfévrerie et par ses médailles, quand il s'adonna à la peinture. La rapidité de ses progrès le mit en état d'ouvrir en peu de temps à Bologne une école qui devint célèbre et d'où sortirent des artistes de mérite.

262. Un pape donne ses ordres à un prélat.

Dessin lavé sur crayon et rehaussé de blanc.
Haut. o m. 80 c. — *Larg.* o m. 43 c.

263. Sujet inconnu.

Il représente une princesse sortant de son palais, et reçue avec respect par deux jeunes gens ; elle est accompagnée par des hommes dont les costumes sont variés.

Composition de neuf figures.

Dessin à la plume, lavé au bistre et rehaussé de blanc.

Haut. o m. 24 c. — *Larg.* o m. 20 c.

FRANCO (BATISTA) *dit* IL SEMOLEI, *peintre et graveur, né dans les États Vénitiens, vivait en* 1536, *et mourut en* 1561 (École romaine).

Il vint fort jeune à Rome, y étudia avec une grande persévérance l'antique et les ouvrages de Michel-Ange. Le duc d'Urbin l'employa long-temps à faire des dessins pour l'ornement de vases qui étaient fabriqués à Castel-Durante, en concurrence avec Faenza, ville de la Romagne, qui a donné son nom à cette sorte d'ouvrages en terre cuite.

264. Prédication de saint Jean-Baptiste dans le désert.

Cette composition a été gravée par le comte de Caylus, qui l'attribuait à Baccio-Bandellini. M. R.

Dessin à 'a plume.

Haut. o m. 28 c. — *Larg.* o m. 31 c.

265. Des anges entourent et soutiennent une bordure de forme ronde qui renferme l'image de saint Antoine.

Le saint porte du feu dans la main, emblème de son pouvoir sur les feux célestes et terrestres.

Dessin à la plume.

Haut. o m. 27 c. — *Larg.* o m. 12 c.

266. Un triomphateur dans son char.

Ce sujet a été gravé par le comte de Caylus, M. R.

Dessin à la plume.

Haut. o m. 21 c. — Larg. o m. 16 c.

267. Assemblée de philosophes.

Gravé par le comte de Caylus. M. R.

Portion de dessin à la plume.

Haut. o m. 18 c. — Larg. o m. 31 c.

268. Vieillards à cheval, accompagnés d'hommes à pied qui fuient avec effroi.

Fragment d'une plus vaste composition.

Dessin à la plume.

Haut. o m. 21 c. — Larg. o m. 55 c.

GADDI (TADDEO), *peintre et architecte florentin, né vers l'an 1300, mort en 1352.*

Élève de Gaddo Gaddi son père, de Giotto, chez qui il demeura vingt-quatre ans. Il fut l'émule de Simone Memmi.

269. Un franciscain.

Il tient de la main droite une croix, et de la gauche un livre.

Dessin cintré par le haut, sur papier bleu, lavé sur crayon et réhaussé de blanc.

Haut. o m. 26 c. — Larg. o m. 13 c.

GANDOLFI (UBALDO), *peintre, né à Bologne en 1728, mort à Ravenne en 1781.*

Élève de Félice Torelli et de Graziani, il s'est perfectionné dans l'école de Lelli. Il a été membre de l'académie Clémentine, et se disposait à peindre la coupole de St.-Vitale à Ravenne, lorsqu'il mourut.

270. Saint Dominique et saint Thomas d'Acquin.

Saint Dominique reçoit un rosaire de la Vierge, et saint Thomas d'Acquin fait connaître qu'il a soumis ses ouvrages à l'approbation de Jésus.

Dessin à la plume et lavé au bistre. (Collection du commandeur Genovèse.)

Haut. o m. 28 c. — Larg. o m. 18 c.

GARBO (DEL), *voir* RAFFAELLO.

GAROFOLO (BENVENUTO TISIO DA), *peintre, né en 1481, mort en 1559 (École de Ferrare).*

Ce peintre, moins connu par son nom que par celui de sa patrie (Garofolo, dans le Ferrarais), passa successivement dans les écoles de Domenico Panetti, à Ferrare, de Niccolo Soriani et de Boccacio Boccacino, à Crémone; de Gio Baldini, Florentin, à Rome; de Lorenzo Costa, à Mantoue, et finit par se perfectionner sous Raphaël, qui l'employa pendant quelque temps. Ce changement répété d'école influa nécessairement sur les productions de Garofolo, qui, à raison de leur variété, sont attribuées souvent à différens maîtres. Il peignait assez souvent un œillet sur ses tableaux, pour désigner le lieu de sa naissance et le surnom qui lui était donné.

271. Adoration de Jésus.

Jésus, nouveau-né, est adoré par les anges, la Vierge,

saint Joseph, Zacharie, sainte Elisabeth, saint Grégoire-le-Grand, pape, saint Dominique, etc.; le jeune saint Jean, retenu par Zacharie, paraît vouloir s'élancer vers Jésus.

Dessin à la plume, lavé et rehaussé de blanc.
Haut. o m. 29 c. — *Larg.* o m. 28 c.

272. Adoration de Jésus.

La Vierge, assise sur un trône, présente l'Enfant-Jésus à l'adoration de sainte Catherine d'Alexandrie, de saint Pierre et de saint Paul.

Dessin à la plume, lavé et rehaussé de blanc.
Haut. o m. 27 c. — *Larg.* o m. 20 c.

273. Sainte-Famille.

Saint Joseph s'appuie sur un bâton, et considère la Vierge assise, qui caresse l'Enfant-Jésus et saint Jean-Baptiste.

Dessin lavé et rehaussé de blanc.
Haut. o m. 22 c. — *Larg.* o m. 18 c.

274. La Vierge, l'Enfant-Jésus et plusieurs saints.

La Vierge, sur un trône, tient l'Enfant-Jésus sur ses genoux; à sa droite, saint Jean-Baptiste ; à sa gauche, sainte Catherine d'Alexandrie à genoux; saint Jérôme, saint Augustin, saint Dominique, l'évangéliste saint Luc, sont assis au pied du trône.

Cette composition a été quelquefois attribuée à Jean Bellin.

Dessin à la plume, lavé et rehaussé de blanc.
Haut. o m. 42 c. — *Larg.* o m. 26 c.

GAULI (Giovanni-Battista, *dit* le Baciccio).

peintre, né à Gênes en 1639, *mort en* 1709 (École gé-noise).

Il quitta fort jeune Gènes pour se rendre à Rome, où

il étudia la peinture à l'école du Bernin, et peignit à Rome la voûte de l'église de Jésus.

275. Saint Roch en prières.

Dessin à la plume, lavé et rehaussé de blanc.

Haut. o m. 24 c. — *Larg.* o m. 14 c.

GENNARI JUNIORE (BENEDETTO), *peintre, né en* 1633, *mort en* 1715 (École bolonaise).

Elève du Guerchin, son oncle, Gennari, après avoir parcouru l'Angleterre et la France, où il resta quelques années, vint se fixer à Bologne.

276. Saint Thomas d'Acquin poursuit, avec une torche enflammée, une femme envoyée pour le séduire.

Dessin à la plume et lavé.

Haut. o m. 29 c. — *Larg.* o m. 41 c.

GENTILESCHI (ORAZIO LOMI, dit), *peintre, né à Pise en* 1563, *mort en Angleterre vers* 1646 (École florentine).

*Élève d'Aurelio Lomi, son frère utérin, il se perfectionna à Rome, travailla long-temps à Gènes, en Savoie, en France, et se fixa en Angleterre, où Charles I*er *lui accorda une pension.*

277. Projet de plafond.

Il est enrichi d'ornemens, d'emblèmes et de figures allégoriques, parmi lesquelles on reconnaît celles de la Religion et de la Force.

Cette composition a été faite pour le cardinal Scipion Borghèse, neveu du pape Paul V, et pour qui Gentileschi peignit une galerie, dont l'architecture est d'Agostino Tassi.

Dessin à la plume, lavé et rehaussé de blanc. (Collection Mariette.)
Haut. o m. 19 c. — Larg. o m. 59 c.

GHERARDI DA RIETI (ANTONIO), *peintre, né en 1644, mort en 170* (École de Bologne).

Élève de Pier Francesco Mola et de Pietro da Cortona.

278. La Vierge visite sainte Élisabeth.

Dessin de forme octogone à la plume, lavé et rehaussé de blanc.
Haut. o m. 21 c. — Larg. o m. 15 c.

GHEZZI (le chevalier SEBASTIANO), *de la Comunanza dans le territoire d'Ascoli. On ignore l'époque de sa naissance et de sa mort, on sait seulement qu'il vivait en 1634.*
Il avait été élève du Guerchin.

279. Les stygmates de saint François.

Dessin aux crayons noir et blanc.
Haut. o m. 20 c. — Larg. o m. 21 c.

GHEZZI (PIER LEONE), *peintre et graveur, né à Rome en 1674, mort en 1755* (École de Bologne).
Élève de son père Giuseppe Ghezzi, il s'adonna principalement à faire la caricature. Ses ouvrages, exécutés avec esprit, ont été très-recherchés pendant sa vie.

280. La procession de la Fête-Dieu.

Dessin à la plume et lavé.
Haut. o m. 22 c. — Larg. o m. 38 c.

281. Groupe de caricatures faites d'après :.

1º M. de Vandières appelé, depuis, le marquis de Marigny ;

2º Cochin, dessinateur, graveur et garde des dessins du cabinet du Roi ;

3º Soufflot, architecte, qui a commencé à élever, sur ses dessins, l'église de Sainte-Geneviève de Paris ;

4º L'abbé Le Blanc, connu par quelques ouvrages en littérature.

Envoyé de Rome en 1749, par M. de Vandières à Madame la marquise de Pompadour, et donné au Musée par M. Renard l'aîné, architecte.

Dessin à la plume.

Haut. o m. 3o c. — *Larg.* o m. 21 c.

GHIBERTI (Lorenzo), *peintre et sculpteur, né en 1378, mort en 1455 (Ecole florentine).*

On ignore s'il eut d'autres maîtres que Bartoluccio, orfèvre et son beau-père. Dans sa jeunesse, il contrefit avec succès des médailles antiques, et à 22 ans, il entra en lice avec les plus habiles sculpteurs du temps. La république de Florence désirant ajouter de nouvelles portes de bronze à l'église de Saint-Jean-Baptiste, déjà décorée par celles d'Andrea Pisano, ouvrit un concours et fit un appel aux plus célèbres artistes de cette époque. D'après les conseils de son père, Lorenzo Ghiberti se rendit dans sa patrie et concourut. Le prix lui fut décerné à l'unanimité par les juges du concours, de l'aveu même de ses concurrens les plus redoutables, Donatello et Bruneleschi.

282. Bas-relief exécuté sur l'une des portes de bronze de l'église de Saint-Jean-Baptiste, à Florence.

Selon l'usage du temps, il offre dans la même composition plusieurs traits de la vie de Jacob, qui se lient entre eux et semblent, au premier coup d'œil, ne représenter qu'un seul et même sujet. La scène est occupée par trois galeries et un espace libre, qui laisse apercevoir la campagne. Au fond de la première galerie, Rebecca est dans son lit; sur le premier plan, quatre femmes s'entretiennent de la naissance de Jacob et d'Esaü; vers le milieu et sur le second plan, Jacob traite avec Esaü du droit d'aînesse; sous la troisième galerie, Rebecca enseigne à Jacob quel doit être l'emploi du chevreau apporté par son ordre; au milieu, sur le premier plan, Isaac ordonne à Esaü d'aller à la chasse; plus loin, Jacob, en présence de Rebecca, reçoit la bénédiction d'Isaac, trompé par la peau de chevreau dont le col de son fils est couvert; et dans le lointain on aperçoit Esaü allant à la chasse.

Dessin lavé sur crayon et rehaussé de blanc. (Collection Berthels.)

Haut. o m. 35 c. — *Larg.* o m. 47 c.

GIORDANO (le chevalier Luca), *peintre et graveur à l'eau-forte, né à Naples, en 1632, mort dans cette ville, en 1705 (Ecole napolitaine).*

D'abord élève de l'Espagnolet à Naples, et ensuite de Pietre de Cortone à Rome, il a reçu le surnom de Luca fa Presto, par suite de la promptitude avec laquelle il composait et exécutait ses ouvrages. Il a peint en Espagne, où il fut appelé sous le règne du roi Charles II, en 1692, un grand nombre de tableaux. Le grand escalier du monastère de San-Lorenzo de l'Escuria est un des principaux ouvrages de ce artiste. Il était chambellan du roi d'Espagne.

285. Sainte-Famille.

Jésus accepte la croix que les anges lui présentent, et que saint Joseph lui montre. La Vierge est plongée dans une profonde douleur.

Dessin à la plume et lavé. (Collection Mariette.)

Haut. o m. 44 c. — *Larg.* o m. 32 c.

GIORGION (Giorgio Barbarelli, *dit le*), *peintre, né*

*à Castel-Franco, en 1477, mort en 1511 (Ecole véni-
tienne).*

*Élève de Jean Bellin, il étudia les ouvrages de Léo-
nard de Vinci. Les fresques qu'il a exécutées sont
presque totalement détruites.*

284. Abraham et Isaac.

Abraham ordonne à Isaac de se charger des instrumens nécessaires au sacrifice qu'il doit offrir à l'Eternel.

Dessin à la plume.

Haut. o m. 17 c. — Larg. o m. 13 c.

285. Joseph livré aux marchands ismaélites.

Dessin au crayon noir estompé et rehaussé de blanc.

Haut. o m. 34 c. — Larg. o m. 70 c.

286. Joseph veut arrêter le jeune Benjamin.

Dessin au crayon noir estompé et rehaussé de blanc.

Haut. o m. 33 c. — Larg. o m. 69 c.

287. Un guerrier tenant un bâton de comman-
dement.

Dessin à la plume.

Haut. o m. 19 c. — Larg. o m. 16 c.

288. Portrait d'un jeune homme vu de profil et
coiffé d'un bonnet.

Dessin au crayon noir.

Haut. o m. 34 c. — Larg. o m. 24 c.

GRANDI (Ercole), nommé par Vasari Ercole da
Ferrara, *né vers 1490, mort en 1531 (École de Ferrare).*

*Il a été élève de Lorenzo Costa. Ses ouvrages sont
très-rares.*

4

289. Le Christ mort.

Jésus-Christ est placé sur les genoux de sa mère ;
la Madeleine et saint Jean pleurent sa mort.

Dessin à la plume.

Haut. o m. 21 c. — Larg. o m. 20 c.

GUERCHIN (GIO. FRANCESCO BARBIERI, *dit LE*),
*peintre, architecte et graveur à l'eau-forte, né à Cento
en 1590, mort en 1666 (Ecole bolonaise).*

*Élève à Bologne de Paolo Giagnani et de Cremo-
nini; à Cento, de Ben Cennari, dit le Vieux. Il suivit
d'abord le style des Carrache dont il avait étudié les
productions, s'attacha ensuite à celui du Guide, et leur
préféra la manière du Caravage. Il a donné les plans
de l'église del Rosario à Cento.*

290. Loth, sur la montagne, est enivré par ses filles.

Dans le fond, on aperçoit l'incendie de Sodôme.

Dessin à la plume et lavé. (Collections Crozat et Mariette.)

Haut. o m. 19 c. — Larg. o m. 25 c.

291. La Circoncision.

Dessin lavé sur crayon et rehaussé de blanc.

Haut. o m. 62 c. — Larg. o m. 43 c.

292. Sainte-Famille.

La Vierge assise regarde saint Joseph à genoux, ten-
dant les bras à l'Enfant-Jésus qui est couché sur un
coussin, et qui veut se relever.

Dessin à la plume et lavé au bistre.

Haut. o m. 20 c. — Larg. o m. 32 c.

295. L'Enfant-Jésus, la Vierge et saint Dominique.

Assis sur les genoux de sa mère, Jésus donne un lis à saint Dominique.

Dessin à la plume et lavé au bistre.
Haut. o m. 22 c. — Larg. o m. 27 c.

294. Saint François à genoux, prêt à recevoir les stygmates.

Portion de dessin à la plume et lavé.
Haut. o m. 20 c. — Larg. o m. 14 c.

295. Saint Guillaume pénitent aux pieds de saint Grégoire.

Première pensée du tableau que le Guerchin a peint pour l'église de Saint-Grégoire à Bologne.

Dessin à la plume légèrement lavé.
Haut. o m. 34 c. — Larg. o m. 27 c.

296. La sibylle de Cumes.

Dessin à la plume. (Collections Richardson et J. Barnard.)
Haut. o m. 18 c. — Larg. o m. 16 c.

297. Fête de village.

Dessin à la plume et lavé au bistre.
Haut. o m. 24 c. — Larg. o m. 42 c.

298. La fête du village troublée.

Dessin à la plume et lavé au bistre.
Haut. o m. 24 c. — Larg. o m. 42 c.

Ces deux dessins ont successivement appartenu à **A. C. Boulle** et à **Mariette.**

299. Paysage.

> Dessin à la plume.
> *Haut. o. m. 24 c. — Larg. o m. 42 c.*

300. Jeune fille vue à mi-corps.

> Dessin à la plume.
> *Haut. o m. 23 c. — Larg. o m. 16 c.*

301. Jeune homme vu à mi-corps et de profil.

> Dessin à la plume.
> *Haut. o m. 23 c. — Larg. o m. 16 c.*

302. Deux têtes d'homme vues de profil.

> Dessin à la plume.
> *Haut. o m. 17 c. — Larg. o m. 16 c.*

303. Une jeune femme dit la bonne-aventure à un jeune homme.

> Dessin à la plume lavé.
> *Haut. o m. 29 c. — Larg. o m. 20 c.*

304. Un vieillard et un jeune homme comptant de l'argent.

> Dessin à la plume et lavé.
> *Haut. o m. 28 c. — Larg. o m. 20 c.*

305. Tête de jeune homme coiffée d'un chapeau surmonté de plumes.

> Dessin à la sanguine.
> *Haut. o m. 34 c. — Larg. o m. 26 c.*

306. Caricature d'un homme qui fait la moue.

> Dessin à la plume et lavé au bistre.
> *Haut. o m. 22 c. — Larg. o m. 21 c.*

307. Caricature d'un homme qui rit.

Dessin à la plume et lavé au bistre.

Haut. o m. 22 c. — Larg. o m. 21 c.

GUIDE (Reni Guido, *dit* le), *peintre et graveur, né à Calvenzano dans le Bolonais, en 1575, mort en 1642 (École bolonaise).*

Il passa de l'école de Denis Calvart dans celle de Louis Carrache. Comblé d'honneurs à Rome, il revint à Bologne, où il ouvrit une école brillante.

308. Jésus, assis sur les genoux de la Vierge, tend les bras à sainte Anne, qui s'avance pour le recevoir.

Dessin à la plume et lavé.

Haut. o m. 26 c. — Larg. o m. 12 c.

309. Le Père-Éternel, porté sur des nuages au milieu de sa gloire, tient la croix sur laquelle Jésus a été attaché.

Première pensée du tableau conservé à Rome dans l'église *della Trinita dei Pellegrini,* et qui a été gravé par Dorigini. M. R.

Dessin à la plume et lavé.

Haut. o m. 26 c. — Larg. o m. 20 c.

310. Un ange recevant dans un calice le sang que Jésus exprime de la plaie de son côté.

Dessin à la plume.

Haut. o m. 26 c. — Larg. o m. 20 c.

511 Couronnement de la Vierge.

Le Père-Éternel et Jésus-Christ couronnent la Vierge portée par les anges dans le céleste séjour.

On croit que ce dessin a été fait par Le Guide lorsqu'il était encore dans l'école de D. Calvart.

Dessin à la plume, lavé au bistre et rehaussé de blanc.

Haut. o m. 3o c. — Larg. o m. 29 c.

512. Tête de Christ.

Dessin aux trois crayons.
Haut. o m. 32 c. — *Larg.* o m. 26 c.

513. Tête de saint André Corsini.

Dessin aux trois crayons.
Haut. o m. 37 c. — *Larg.* o m. 27 c.

514. Apollon, dieu du Jour, accompagné des Heures et précédé par Lucifer.

Sujet de plafond peint à Rome dans le palais du prince Rospigliori.

Dessin à la plume et lavé.
Haut. o m. 18 c. — *Larg.* o m. 25 c.

515. Hercule et Cerbère.

Dessin à la plume et lavé.
Haut. o m. 44 c. — *Larg.* o m. 64 c.

516. La Victoire, la Puissance et l'Abondance, personnifiées.

Dessin à la plume.
Haut. o m. 9 c. — *Larg.* o m. 17 c.

517. Une Sybille.

Dessin à la plume.
Haut. o m. 25 c. — *Larg.* o m. 19 c.

518. Tête de jeune homme vue de profil.

Dessin aux crayons noir et blanc, sur papier huilé.
Haut. o m. 37 c. — *Larg.* o m. 26 c.

519. Tête de jeune homme vue de trois quarts.

Dessin aux crayons noir et blanc.
Haut. o m. 34 c. — *Larg.* o m. 20 c.

320. Tête de jeune homme vue de face.

Dessin aux trois crayons.
Haut. o m. 35 c. — *Larg.* o m. 23 c.

321. Tête de vieillard.

Étude pour le tableau peint à Saint-André in Monte Celio.
Dessin aux crayons noir et blanc.
Haut. o m. 39 c. — *Larg.* o m. 27 c.

522. Tête d'homme qui crie.

Dessin aux trois crayons.
Haut. o m. 27 c. — *Larg.* o m. 22 c.

325. Tête de vieille femme.

Dessin aux crayons noir et blanc.
Haut. o m. 32 c. — *Larg.* o m. 24 c.

GUIDI DELLA SCHEGGIA, *voir* MASACCIO.

HENRIQUE DE LAS MARINAS, *peintre, né à Cadix, en 1620, mort à Rome en 1680 (Ecole espagnole).*

L'habitude de voir des vaisseaux dans la baie de Cadix lui inspira le goût de les peindre, et il obtint des succès dans ce genre. Il employa à voyager les revenus de la fortune qu'il avait acquise par ses ouvrages, et se fixa à Rome, où il mourut.

524. Marine et vaisseaux de différentes constructions.

Dessin à la plume.
Haut. o m. 11 c. — *Larg.* o m. 37 c.

JEAN DE SAINT-JEAN (GIOVANNI MANNOZZI, dit),

peintre, né à S.-Giovanni da Val darno, en 1590, mort en 1636 (Ecole florentine).

Élève pour la peinture de Matteo Rosselli, et pour la perspective de Giulio Parigi ; il excella dans la peinture à fresque, exécuta ses ouvrages à Rome, dans la Toscane, et surtout à Florence.

325. La Charité.

Dessin aux crayons noir et rouge. (Collection Mariette.)

Haut. o m. 23 c. — Larg. o m. 12 c.

JEAN D'UDINE (Gio. Ricamatore, *dit* Nanni, *ou*), *peintre et stucateur, né vers 1489, mort en 1561 (Ecole romaine).*

Nanni est l'abréviation du mot Giovanni, prénom du peintre connu sous le nom de Jean d'Udine. Il a été élève du Giorgion ; Raphaël l'employa souvent à peindre des arabesques. Jean d'Udine travailla aussi à Venise, à Udine, et à Florence.

326. Arabesques avec bas-reliefs et figures.

Ces dessins sont copiés d'après les ornemens de la loge des Empereurs au Colysée.

Ils ont été gravés par le comte de Caylus. M. R.

Dessin à la plume.

Haut. o m. 28 c. — Larg. o m. 22 c.

327. Arabesques.

Dessin à la plume et lavé.

Haut o m. 28 c. — Larg. o m. 35 c.

328. Arabesques.

Dessin à la plume et lavé.

Haut. o m. 20 c. — Larg. o m. 38 c.

JOSEPIN (Giuseppe Cesari, *dit* le), *peintre, né à Arpino dans le Labour, vers 1560, mort en 1640 (École romaine).*

Élève de son père et de Giacomo Rocca, il obtint, très jeune encore, des travaux dans le Vatican, par l'entremise d'Ignazio Danti, dominicain, qui en avait l'intendance ; il vint en France où il exécuta un grand nombre de peintures.

329. Saint Paul à genoux.

Il attend avec résignation, en présence des Gentils, le coup qui doit terminer sa carrière apostolique.

Dessin à la sanguine. (Collection Mariette.)

Haut. o m. 32 c. — *Larg.* o m. 26 c.

330. Une Sybille assise.

Dessin aux crayons noir et rouge.

Haut. o m. 27 c. — *Larg.* o m. 20 c.

JULES ROMAIN (Giulio Pippi *dit*), *peintre et architecte, né à Rome vers 1492, mort en 1546 (École romaine).*

Élève de Raphaël, il a d'abord travaillé à Rome, et ensuite à Mantoue, où il a fondé une école ; il est l'architecte du palais du T, dont il a fait lui-même toutes les peiutures. On a exécuté dans les fabriques de Flandre un grand nombre de tapisseries, d'après les dessins de Jules Romain.

331. L'Annonciation.

Dessin de forme cintrée, à la plume et lavé au bistre.

Haut. o m. 30 c. — *Larg.* o m. 26 c.

332. L'adoration des bergers.

Dessin à la plume et rehaussé de blanc.

Haut. o m. 30 c. — *Larg.* o m. 30

4*

533. La Circoncision.

> Dessin a la plume, lavé au bistre et rehaussé de blanc.
>
> *Haut. o m. 29 c. — Larg. o m. 33 c.*

534. Mariage de sainte Catherine d'Alexandrie avec l'Enfant-Jésus.

> Dessin à la plume, lavé et rehaussé de blanc.
>
> *Haut. o m. 34 c. — Larg. o m. 28 c.*

535. Vénus, l'Amour et Vulcain.

Vulcain fournit des traits à l'Amour et Vénus en remplit son carquois.

> Dessin à la plume et rehaussé de blanc.
>
> *Haut. o m. 43 c. — Larg. o m. 29 c.*

536. Pan, l'hymen et les amours président à l'union de Vénus et d'Adonis.

> Dessin à la plume et lavé.
>
> *Haut. o m. 16 c. — Larg. o m. 23 c.*

537. Les dieux de l'Olympe épouvantés de l'attaque des géans.

Sur le premier plan on distingue Thétis suivie par les Nymphes des eaux, Phébé précédée par les Heures, Pallas saisie d'épouvante, Neptune appuyé sur son trident, et dans le fond, Pan poursuivant des nymphes qu'il cherche à rassurer.

Fragment de la composition peinte sur un plafond du Palais du T à Mantoue, représentant les Titans foudroyés par Jupiter.

> Dessin à la plume et lavé au bistre.
>
> *Haut. o m. 52 c. — Larg. o m. 92 c.*

538. Quatre termes emblématiques : Priape, Cérès, Cybèle et Bacchus.

Ils forment les intervalles de deux tableaux, dont les

sujets, tirés de la fable de Psyché, ont été peints par Jules Romain dans le palais du T : l'un représente Vénus jalouse de Psyché, excitant l'Amour à venger son injure, et du haut de son char lui indiquant sa rivale ; l'autre, Vénus servie par les Amours et par les Grâces, qui lui apportent des fleurs et des fruits.

Dessin à la plume, lavé au bistre et rehaussé de blanc.

Haut. o m. 31 c. — Larg. o m. 77 c.

339. Chute d'Icare.

Les ailes d'Icare se décomposent par la chaleur des rayons du soleil dont il s'est trop approché. Il tombe en implorant les secours de son père.

Jules-Romain l'avait donné à Vasari. Il est d'autant plus précieux, que la peinture, exécutée sur un plafond du palais du T à Mantoue, est presque entièrement détruite.

Dessin à la plume et lavé au bistre.

Haut. o m. 39 c. — Larg. o m. 60 c.

340. Les occupations de la pêche.

C'est l'un des sujets composés par Jules-Romain pour désigner les douze mois de l'année par les travaux qui les caractérisent, et qui ont été peints à fresque au rez-de-chaussée du palais du T à Mantoue.

Cette composition a été gravée en clair-obscur par Nicolas le Sueur.

Dessin à la plume et lavé au bistre. (Collections Crozat et Mariette.)

Haut. o m. 27 c. — Larg. o m. 43 c.

341. Femme relevant un rideau.

Dessin à la plume et lavé au bistre.

Haut. o m. 24 c. — Larg. o m. 16 c.

342. Une ville incendiée.

Elle est abandonnée par les habitans, qui emportent leurs enfans et leurs parens infirmes.

Haut. 3 m. 44 c. — Larg. 5 m. 74 c.

343. Les habitans d'une ville prise, conduits en esclavage.

Haut. 3 m. 40 c. — Larg. 5 m. 35 c.

Ces deux morceaux font partie des cartons d'une tenture appelée *fruits de la guerre*, exécutée à Bruxelles en huit pièces de cinquante-cinq aunes de cours, mesure ancienne.

344. Des licteurs et des musiciens traversent un pont triomphal.

Fragment présumé des triomphes de Scipion, pour une autre tenture.

Haut. 3 m. 48 c. — Larg. 6 m. 43 c.

345. Un triomphateur sur un char traîné par quatre chevaux blancs.

Il est précédé par les prisonniers qu'il a faits, et suivi par des guerriers à cheval.

Carton faisant partie de la tenture représentant le triomphe de Sigismond.

Haut. 3 m. 50 c. — Larg. 8 m. 29 c.

Ces quatre grands cartons, peints à la gouache, ont servi de modèles aux tapisseries de la manufacture autrefois établie à Bruxelles.

JULES ROMAIN (d'après).

346. Portrait de femme vue à mi-corps.

Dessin préparé à l'estompe et terminé aux crayons noir et blanc.

Haut. 0 m. 60 c. — Larg. 0 m. 47 c.

347. Portrait de femme vue à mi-corps.

Dessin préparé à l'estompe et terminé aux crayons noir et blanc.

Haut. 0 m. 59 c. — Larg. 0 m. 48 c.

LABELLE (Stéfano della bella), *dessinateur et gra veur, né à Florence en 1610, mort en 1664.*

La douceur de ses mœurs l'avait fait nommer Stefanino. Il étudia les œuvres de Callot, et reçut les conseils de Cantagallina. Il passa quelques années en France et en Hollande, et se lia d'amitié avec Israël Silvestre et avec Rembrand.

548. La Vierge, l'Enfant-Jésus et saint Jean-Baptiste.

Assis sur les genoux de sa mère, l'Enfant-Jésus donne à manger au mouton que le jeune saint Jean lui présente.

Dessin à la plume et lavé.
Haut. o m. 23 c. — Larg. o m. 16 c.

549. Entrée dans Rome, en 1533, du palatin Georges Ossolinski, ambassadeur du roi de Pologne Uladislas VII.

Le pape Urbain VIII reçut avec distinction l'ambassadeur, et le renvoya comblé d'honneurs et de présens.

Cette composition diffère de la gravure du même sujet exécutée en six planches.

Dessin à la plume que Labelle donna à l'un des ancêtres de Mariette.
Haut. o m. 16 c. — Larg. 1 m. 78 c.

550. Vue de la ville de Florence.

Dessin à la plume et lavé.
Haut. o m. 25 c. — Larg. 1 m. 15 c.

551. Attaque faite par des Turcs.

Dessin à la plume.
Haut. o m. 12 c. — Larg. o m. 21 c.

552. Polonais à cheval.

Dessin à la plume et lavé.

Haut. o m. 11 c. — *Larg.* o m. 22 c.

553. Cavalier vu de face.

Dessin à la plume et légèrement lavé.

Haut. o m. 25 c. — *Larg.* o m. 18 c.

554. Cavalier vu de profil.

Dessin à la plume et légèrement lavé.

Haut. o m. 27 c. — *Larg.* o m. 21 c.

LANFRANC (GIOVANNI LANFRANCO), *peintre et graveur, né à Parme vers 1580, mort à Rome en 1647, âgé de 66 ans.*

Il fréquenta successivement l'école des trois Carrache, étudia les ouvrages du Corrège, peignit à Rome l coupole de Saint-André della Valle, à Naples celle de l'église del Gesu, et termina la décoration de la coupole du trésor de Saint-Janvier, laissée imparfaite par le Dominiquin.

555. L'adoration des Bergers.

Camaïeu à l'huile.

Haut. o m. 39 c. — *Larg.* o m. 29 c.

556. Projet de décoration.

Cette décoration fut projetée pour la loge qui est sur le vestibule de Saint-Pierre au Vatican, et d'où le Pape a coutume de donner la bénédiction apostolique dans les cérémonies du Jeudi-Saint, etc. Lanfranc y feignait un ordre dorique qui régnait au-dessus des fenêtres, et dont les intervalles étaient enrichis de groupes de figures, de sujets feints de bas-reliefs, d'ornemens en stuc doré, et dans le milieu, sur une tapisserie feinte, il représentait la réception que fit Paul V aux envoyés du patriarche de Babylone, qui demandait sa réunion à la communion romaine.

Ce projet, fait sous le pontificat de Paul V, présenté de nouveau sous celui d'Innocent X par l'intervention de D. Olimpia Panfili, belle-sœur du Pape, ne fut point accepté.

Dessin à la plume, lavé et rehaussé d'or. (Collections Crozat et Mariette.)
Haut. o m. 33 c. — *Larg.* o m. 86 c.

557. Tête de vieillard.

Dessin aux crayons noir et blanc.
Haut. o m. 29 c. — *Larg.* o m. 27 c.

LÉONARD DE VINCI (LIONARDO DA VINCI), *peintre et architecte, né vers 1452, mort à Amboise en 1519 (Ecole florentine).*

Il fut élève d'Andrea de Varrochio, qu'il surpassa en peu de temps, fonda à Milan une nouvelle école dont les commencemens paraissent remonter à 1482, et vint en France en 1518. Trop affaibli par ses longs travaux, il ne vécut point assez pour y donner aux arts une direction nouvelle.

558. La Cène.

Cette composition a été gravée par le comte de Caylus. M. R.

Dessin à la plume et lavé.
Haut. o m. 22 c. — *Larg.* o m. 33 c.

559. La Cène.

Cette composition a été attribuée par quelques personnes au Titien, mais par le plus plus grand nombre au Tintoret. On y voit quelques lettres qui indiquent le sujet des remarques que le tableau de Léonard lui inspira.

Dessin à la plume et lavé.
Haut. o m. 14 c. — *Larg.* o m. 28 c.

560. Tête de saint Jean.

Étude au crayon noir et lavée.
Haut. o m. 20 c. — Larg. o m. 27 c.

561. Un homme assis.

Il tient un miroir ardent, rassemble les rayons du soleil pour faire périr un dragon qui se bat contre un lion, une licorne et d'autres animaux.

Ce sujet a été gravé par le comte de Caylus, et Mariette en fait mention dans sa lettre sur Léonard de Vinci. M. R.

Dessin à la plume.
Haut. o m. 10 c. — Larg. o m. 13 c.

562. Portrait présumé de Solaino.

Léonard se plaisait à faire des études d'après ce jeune homme, à cause de la régularité de ses traits et la beauté de sa chevelure. La tête vue de profil est couverte d'une calotte.

Ce portrait a été gravé par le comte de Caylus. M. R.

Dessin à la plume.
Haut. o m. 18 c. — Larg. o m. 15 c.

563. Portrait d'un vieillard vu de trois quarts.

Gravé par le comte de Caylus. M. R.

Dessin à la sanguine.
Haut. o m. 10 c. — Larg. o m. 07 c.

564. Cinq têtes de personnes âgées.

Elles ont été gravées par Hollar.

Dessin à la plume.
Haut. o m. 19 c. — Larg. o m. 22 c.

565. Tête d'homme dans l'affliction.

Dessin au crayon noir, légèrement lavé.
Haut. o m. 18 c. — Larg. o m. 15 c.

LICINO ou **LICINIO**, dit aussi **REGILLO, CUTI-CELLO** et **CORTICELLIS**, *voir* Pordenone.

LIGORIO PIRRO, *Napolitain, architecte et peintre, mort vers* 1580 (École napolitaine).

566. La présentation de la Vierge au temple.

Dessin à la plume rehaussé de blanc.

Haut. 0 m. 44 c. — *Larg.* 0 m. 73 c.

LIGOZZI (Jacopo), *peintre, né à Vérone en* 1543, *mort en* 1627.

On a prétendu qu'il avait fréquenté l'école de Paul Véronèse ; mais ayant abandonné sa patrie dans un âge peu avancé, les études, les ouvrages qu'il fit à Florence, et la place qu'il y occupa de directeur-général de la galerie ducale, le rangent dans l'école florentine. Donato Mascagni a été son élève.

567. Jésus, tombé en agonie dans le jardin des Oliviers, repose sur les genoux d'un ange.

Les disciples sont plongés dans le sommeil, et Judas s'avance pour livrer le Sauveur aux soldats qui l'accompagnent.

Dessin à la plume, lavé et rehaussé d'or.

Haut. 0 m. 34 c. — *Larg.* 0 m. 45 c.

568. La Madeleine, assistée par les anges, expire dans sa grotte au pied d'un crucifix.

Dessin à la plume, lavé et rehaussé d'or.

Haut. 0 m. 27 c. — *Larg.* 0 m. 17 c.

569. Martyre de sainte Catherine d'Alexandrie.

Fragment de dessin à la plume, lavé et rehaussé d'or.

Haut. 0 m. 27 c. — *Larg.* 0 m. 20 c.

570. Sujet tiré du Dante.

Cette composition singulière parait représenter la rencontre que Dante, accompagné de l'ombre de Béatrix, fit de Cunizza, sœur d'Azzolino, tyran de Padoue, et du troubadour Foulques de Marseille, dans la planette de Vénus.

Ce dessin a été donné par quelques personnes à Andrea Solari.

Dessin à la plume, lavé et rehaussé de blanc.
Haut. 0 m. 20 c. — *Larg.* 0 m. 27 c.

571. Allégorie.

Une femme debout, vue de dos, dans l'intérieur de sa chambre ; un amour endormi est à ses pieds.

Dessin à la plume, lavé au bistre et rehaussé d'or.
Haut. 0 m. 31 c. — *Larg.* 0 m. 21 c.

572. Allégorie.

Une femme assise, légèrement voilée par une gaze transparente, peigne ses cheveux. On voit à ses pieds un limaçon dont la coquille est garnie d'ailes ; devant elle se trouve un jeune homme qui presse son coursier.

Dessin à la plume, lavé au bistre et rehaussé d'or.
Haut. 0 m. 31 c. — *Larg.* 0 m. 21 c.

LIONI (Ottavio), *dessinateur, peintre et graveur, mort à 52 ans, sous le pontificat d'Urbain VIII.*

Originaire de Padoue, né à Rome, et désigné ordinairement par le surnom de Padovanino. On a de lui des portraits dont la plupart sont dessinés, quelques-uns peints, et un petit nombre gravés. Il a fait aussi des tableaux historiques.

575. Portrait du peintre Federigo Zuccaro.

Dessin aux crayons noir et blanc sur papier bleu. (Collection Mariette.)

Haut. o m. 25 c. — Larg. o m. 18 c.

574. Portrait d'Antiveduto della Grammatica, peintre romain, mort en 1626, à l'âge de 55 ans.

Dessin aux crayons noir et blanc sur papier bleu, portant la date de 1614. (Collection Mariette.)

Haut. o m. 25 c. — Larg. o m. 18 c.

LOMI, *voir* GENTILESCHI.

LUTI (BENEDETTO)*, peintre et graveur, né à Florence en 1666, mort à Rome en 1724* (Ecole florentine).

Élève de Gabbiani à Florence, il vint à Rome dans l'espoir de terminer ses études sous la conduite de Ciro Ferri, qui mourut dans ces entrefaites. Luti se perfectionna en copiant les chefs-d'œuvre de l'école romaine. Il a peint à l'huile, à fresque et au pastel.

575. La Madeleine, en extase, est assistée par les anges.

Dessin de forme octogone, à la plume, lavé au bistre et rehaussé de blanc sur papier jaunâtre. (Collection Mariette.)

Haut. o m. 37 c. — Larg. o m. 27 c.

576. Portrait de l'auteur.

Dessin au pastel.

Haut. o m. 39 c. — Larg. o m. 25 c.

MALOMBRA (PIETRO)*, peintre vénitien, né en 1556, mort en 1618.*

Élève de Giuseppe Salviati.

577. Jésus succombant sous le poids de la croix.

Dessin à la plume et lavé.
Haut. 0 m. 20 c. — *Larg.* 0 m. 13 c.

578. Même sujet que le précédent.

Dessin à la plume et lavé.
Haut. 0 m. 26 c. — *Larg.* 0 m. 13 c.

MANETTI ou **MANNETTI** (Rutilio), *peintre, né à Sienne, en 1571, mort en 1637.*

Après avoir suivi, dans sa jeunesse, l'école de Francesco Vanni, il adopta la manière de Michel-Ange de Caravage et celle du Guerchin.

579. La Vierge donne à boire à l'Enfant-Jésus.

Esquisse peinte en grisaille sur papier. (Collection Mariette.)
Haut. 0 m. 23 c. — *Larg.* 0 m. 20 c.

MANNOZZI, *voir* Jean de St-Jean.

MANTEGNA (Andrea), *peintre et graveur, né à Padoue, en 1430, mort en 1506* (École de Mantoue).

Élève de Squarcione; ayant épousé la fille de Jean Bellin, il préféra les conseils de son beau-père à ceux de son premier maître.

580. Le jugement de Salomon.

Composition de sept figures peintes en grisaille sur toile.
Haut. 0 m. 46 c. — *Larg.* 0 m. 35 c.

581. Jésus allant au Calvaire ; d'après Ferrari.

Dessin aux crayons noir et rouge.
Haut. 0 m. 36 c. — *Larg.* 1 m. 17 c.

382. Le triomphe de l'amour.

La tête du vainqueur est couverte d'un casque,
l'épaule gauche d'un manteau court ; il foule des armes
sous ses pieds, et s'appuie sur un captif : la Victoire
tient élevée la couronne qu'elle lui destine.

Cette composition a été gravée par Marc-Antoine.

Dessin à la plume.

Haut. o m. 33 c. — *Larg.* o m. 49 c.

383. Des amours se livrent aux plaisirs de la
danse, de la musique et de la chasse.

Frise dessinée à la plume.

Haut. o m. 16 c. — *Larg.* o m. 44 c.

MARATTE (CARLO MARATTA OU MARATTI), *peintre
et graveur, né à Camurano di Ancona, en* 1625*, mort
à Rome, en* 1713 *(Ecole romaine).*

*Elève d'Andrea Sacchi, il a été surnommé Carlo
delle Madonne, parce qu'il peignit un grand nombre
de vierges. Il étudia constamment les ouvrages de
Raphaël et des Carrache.*

384. Ste Rosalie prosternée aux pieds de l'Éternel.

Elle obtient, par l'intercession de la Vierge, la ces-
sation de la peste, de la guerre et des tremblemens
de terre. Ce dernier fléau est rendu sensible par l'emblème d'Encelade, soulevant les rochers sous lesquels
il gémit.

Dessin à la plume et lavé. (Collection Mariette.)

Haut. o m. 42 c. — *Larg.* o m. 29 c.

MASACCIO, *peintre, né en* 1401*, à San Giovanni di
Valdarno, mort à Florence en* 1443 *(Ecole florentine).*

*Il était de la famille Guidi della Scheggia, et fut sur-
nommé Masaccio, à cause du peu de soin qu'il prenait*

de sa personne. La peinture l'occupait uniquement. Il se livra à l'étude des ouvrages de Donato et de Ghiberti, à celle des statues antiques qu'il vit à Rome, et Brunelleschi lui donna des leçons de perspective.

385. Le Christ sur la croix, entre les deux larrons.

Dessin à la plume et lavé au bistre, sur vélin.

Haut. o m. 31 c. — *Larg.* o m. 20 c.

MASCAGNI (Donato), *connu ensuite sous le nom de* Fra. Arsenio, *peintre, né en* 1579, *mort en* 1636 (Ecole florentine).

Il quitta son prénom en entrant dans l'ordre des Servites, que la faiblesse de sa santé l'obligea d'abandonner. Il a été élève de Jacopo Ligozzi.

386. Sujet tiré des légendes.

Les légendaires rapportent qu'un peintre, dont le nom n'est pas connu, ayant à représenter une Annonciation, peignit la figure de l'ange et s'endormit, accablé de douleur de ne savoir comment exprimer avec dignité les traits de la Vierge. A son réveil, il trouva le tableau terminé divinement bien : son étonnement fut partagé par les moines et les personnes pieuses que le hasard avait rassemblés, et qui se joignirent à lui pour attester la vérité du miracle.

Dessin à la plume et lavé.

Haut. o m. 17 c. — *Larg.* o m. 26 c.

MASCHERINI (Ottaviano), *peintre et architecte, né à Bologne, et mort à Rome à 82 ans, sous le pontificat de Paul V* (Ecole romaine).

Il a peint dans les palais pontificaux, et a été nommé architecte du pape Grégoire XIII.

387. L'Annonciation.

La Vierge, occupée à prier, se détourne pour entendre le message de l'ange Gabriel.

Dessin à la plume, lavé et rehaussé de blanc, sur papier bleu.
(Collection Vasari.)

Haut. o m. 42 c. — *Larg.* o m. 36 c.

MATURINO, *peintre, natif de Florence, mort vers* 1528 (École romaine).

Il fréquenta l'école de Raphaël. Ses ouvrages sont presque tous détruits et connus seulement par les gravures qui en offrent les compositions.

388. Enlèvement des Sabines.

Dessin à la plume et lavé.

Haut. o m. 18 c. — *Larg.* o m. 29 c.

389. Attaque de cavalerie et d'infanterie.

Dessin à la plume, lavé et rehaussé de blanc.

Haut. o m. 12 c. — *Larg.* o m. 25 c.

390. Des fantassins se couvrent de leurs boucliers pour monter à l'assaut; ils sont soutenus par des cavaliers.

Dessin à la plume, lavé et rehaussé de blanc.

Haut. o m. 15 c. — *Larg.* o m. 38 c.

Ces deux dessins ont été quelquefois attribués à Perino del Vaga.

391. Sujet inconnu.

Sur le premier plan, le Tibre y est personnifié.

Dessin à la plume, lavé et rehaussé de blanc.

Haut. o m. 15 c. — *Larg.* o m. 42 c.

392. Le sanglier de la forêt de Calydon, atteint par la flèche d'Atalante.

Dessin de forme ovale, à la plume, lavé et rehaussé de blanc.

Haut. o m. 20 c. — Larg. o m. 25 c.

MAZZUCCHELLI DA MORAZZONE (Pier-Francesco), *peintre, né en 1571, mort en 1626 (École milanaise).*

Après avoir développé ses talens par l'étude des chefs-d'œuvre de Rome et de Venise, il revint ouvrir à Milan une école qui rivalisa avec celle des Procaccini.

393. L'Annonciation.

En présence de la hiérarchie céleste, l'ange Gabriel annonce à la Vierge qu'elle est appelée à devenir la mère du Sauveur.

Dessin lavé sur sanguine. (Collection Mariette.)

Haut. o m. 34 c. — Larg. o m. 20 c.

MAZZUOLA (Girolamo), *peintre, vivait en 1580 (Ecole de Parme).*

Il a été dirigé dans ses études par son cousin Francesco Mazzuola, surnommé le Parmesan; et ses peintures, peu rares à Parme et dans les environs, sont moins connues dans le reste de l'Italie.

394. L'Enfant-Jésus debout près de sa mère, adoré par les anges.

Les figures de la Vierge et de l'Enfant-Jésus sont les seules terminées.

Dessin à la plume, lavé et rehaussé de blanc.

Haut. o m. 17 c. — Larg. o m. 25 c.

587. L'Annonciation.

La Vierge, occupée à prier, se détourne pour entendre le message de l'ange Gabriel.

Dessin à la plume, lavé et rehaussé de blanc, sur papier bleu.
(Collection Vasari.)

Haut. o m. 42 c. — *Larg.* o m. 36 c.

MATURINO, *peintre, natif de Florence, mort vers* 1528 (École romaine).

Il fréquenta l'école de Raphaël. Ses ouvrages sont presque tous détruits et connus seulement par les gravures qui en offrent les compositions.

588. Enlèvement des Sabines.

Dessin à la plume et lavé.

Haut. o m. 18 c. — *Larg.* o m. 29 c.

589. Attaque de cavalerie et d'infanterie.

Dessin à la plume, lavé et rehaussé de blanc.

Haut. o m. 12 c. — *Larg.* o m. 25 c.

590. Des fantassins se couvrent de leurs boucliers pour monter à l'assaut ; ils sont soutenus par des cavaliers.

Dessin à la plume, lavé et rehaussé de blanc.

Haut. o m. 15 c. — *Larg.* o m. 38 c.

Ces deux dessins ont été quelquefois attribués à Perino del Vaga.

591. Sujet inconnu.

Sur le premier plan, le Tibre y est personnifié.

Dessin à la plume, lavé et rehaussé de blanc.

Haut. o m. 15 c. — *Larg.* o m. 42 c.

392. Le sanglier de la forêt de Calydon, atteint par la flèche d'Atalante.

Dessin de forme ovale, à la plume, lavé et rehaussé de blanc.

Haut. o m. 20 c. — *Larg.* o m. 25 c.

MAZZUCCHELLI DA MORAZZONE (PIER -FRAN-CESCO), *peintre, né en* 1571, *mort en* 1626 (École milanaise).

Après avoir développé ses talens par l'étude des chefs-d'œuvre de Rome et de Venise, il revint ouvrir à Milan une école qui rivalisa avec celle des Procaccini.

393. L'Annonciation.

En présence de la hiérarchie céleste, l'ange Gabriel annonce à la Vierge qu'elle est appelée à devenir la mère du Sauveur.

Dessin lavé sur sanguine. (Collection Mariette.)

Haut. o m. 34 c. — *Larg.* o m. 20 c.

MAZZUOLA (GIROLAMO), *peintre, vivait en* 1580 (Ecole de Parme).

Il a été dirigé dans ses études par son cousin Francesco Mazzuola, surnommé le Parmesan; et ses peintures, peu rares à Parme et dans les environs, sont moins connues dans le reste de l'Italie.

394. L'Enfant-Jésus debout près de sa mère, adoré par les anges.

Les figures de la Vierge et de l'Enfant-Jésus sont les seules terminées.

Dessin à la plume, lavé et rehaussé de blanc.

Haut. o m. 17 c. — *Larg.* o m. 25 c.

395. Sainte-Famille.

Entre saint Joseph et la Vierge qui se reposent, Jésus caresse le jeune saint Jean.

Ce sujet a été gravé par le comte de Caylus. **M. R.**

Dessin à la plume.

Haut. o m. 20 c. — *Larg.* o m. 27 c.

MAZZUOLI, *voir* PARMESAN.

MECHERINO, *voir* BECCAFUMI.

MEDOLA OU **MEDULA** DA **SEBENICO**, *voir* SCHIAVONE.

MEMMI (GULGIELMI SIMONE), *peintre, né en 1284, mort en 1344 (École de Sienne).*

Cet artiste est le même que Simone di Martino, il a été l'émule, et non l'élève, de Giotto. A la sollicitation de Pétrarque, il vint en France pour y peindre le portrait de Laure.

396. Jésus expire sur la croix entre les deux larrons.

Première pensée d'un tableau exécuté à Florence dans le monastère du St.-Esprit. Vasari, à qui le dessin avait appartenu, rapporte que le général des Augustins ayant ramené Simone Memmi d'Avignon à Florence, le chargea de peindre la Passion de Jésus-Christ dans son couvent. Il regrette que les moines, en l'an 1560, voulant substituer une voûte à un plancher, aient laissé détruire cette production que le temps avait déjà altérée. On ignore le sort qu'a éprouvé la répétition du même sujet commencé par Simone Memmi, et terminé par Lippi, son frère, sur le maître-autel de St.-Nicolas, à Ancône.

Dessin à la plume, lavé et rehaussé de blanc.

Haut. o m. 39 c. — *Larg.* o m. 27 c.

MICHEL - ANGE (Michel Agnolo Buonarotti), *peintre, architecte et sculpteur, né en 1474, mort à Rome le 16 février 1563, selon le calendrier florentin, dont l'année commençait alors au 25 mars, ou en 1564, selon le calendrier romain.*

Élevé chez Laurent de Médicis, il reçut des leçons de Domenico del Ghirlandajo. Michel-Ange exerça de son temps une grande influence sur les arts.

597. Tête de satyre vue de profil.

On rapporte qu'un peintre peu habile ayant présenté à Michel-Ange une tête dessinée à la sanguine, Michel-Ange traça par-dessus, à la plume, le profil d'un satyre.

Dessin à la plume.

Haut. 0 m. 28 c. — *Larg.* 0 m. 21 c.

598. Une main de grandeur naturelle.

Raphaël Riario, cardinal de Saint-Georges, députa vers Michel-Ange, pour savoir s'il était l'auteur d'une statue de Cupidon, vendue à son éminence pour une statue antique. Au lieu de répondre, Buonarroti prit la plume et traça cette main.

Dessin provenant des collections Bourdaloue, Crozat et Mariette. Il a été gravé pour l'édition de Vasari, publiée à Rome par le prélat Bottari.

Dessin à la plume.

Haut. 0 m. 18 c. — *Larg.* 0 m. 29 c.

MICHELE DA LUCA.

599. Triomphe d'Ariane; des Amours; des Monstres terrestres et marins.

Ces quatre frises sont à la plume, lavées et rehaussées de blanc.

Haut. 0 m. 00 c. — *Larg.* 0 m. 00 c.

MICHIELI, *voir* VICENTINO.

MINOZZI (BERNARDO), *peintre, né à Bologne en* 1699, *mort en* 1769 (Ecole bolonaise).

Elève de Nunzio Ferrajuoli pour le paysage, et d'Angelo, Michele Cavazzoni pour la figure, il étudia l'architecture sous M. Chamant, alors architecte du grand-duc de Toscane, et a été membre des académies de Florence, Bologne, etc.

400. Vue du Pianora, près de Bologne.

Camaïeu à la gouache.
Haut. o m. 35 c. — *Larg.* o m. 51 c.

MOLA (PIER FRANCESCO) (École bolonaise).

On n'est point d'accord sur la patrie ni sur l'époque de la naissance de cet artiste, élève de l'Albane. Passeri, auteur contemporain, assure qu'il naquit à Milan en 1612 *et mourut à Rome en* 1668.

401. Sainte-Famille servie par des anges.

Dessin à la plume et lavé.
Haut. o m. 14 c. — *Larg.* o m. 20 c.

402. Fuite en Egypte.

Dessin à la plume et lavé au bistre.
Haut. o m. 19 c. — *Larg.* o m. 22 c.

403. Prédication de saint Jean.

Dessin aux crayons noir et blanc.
Haut. o m. 39 c. — *Larg.* o m. 55 c.

404. Prédication de saint Jean-Baptiste dans le désert.

Dessin à la plume et lavé au bistre.
Haut. o m. 19 c. — Larg. o m. 18 c.

MONDELLA (GALEAZZO), *graveur sur pierres fines.*
Il était de Vérone, et vivait dans le seizième siècle.

405. Triomphe de Bacchus.

Dessin à la plume.
Haut. o m. 29 c. — Larg. o m. 44 c.

406. Silène porté par des Faunes et des Satyres.

Dessin à la plume. (Collection La Noue.)
Haut. o m. 23 c. — Larg. o m. 22 c.

MONTEMEZZANO (FRANCESCO), *peintre, né à Vérone, mort jeune vers 1600 (École vénitienne).*
Il fut élève de Paul Véronèse.

407. Bas-relief pour un trophée de victoires maritimes.

Dessin à la plume, lavé et rehaussé de blanc.
Haut. o m. 15 c. — Larg. o m. 60 c.

MORAZZONE, *voir* MAZZUCCHELLI.

MORO (BATTISTA d'ANGELO, *surnommé* DEL), *peintre et graveur de Vérone, vivait en 1568. (École vénitienne).*
Il a été l'élève et le gendre de Francesco Torbido dit il Moro. Ses peintures à fresque et à l'huile ont été exécutées, en grande partie, à Vérone, à Mantoue, à Venise. Plusieurs gravures de cet artiste ont été faites

d'après ses compositions ou d'après celles de peintres habiles.

408. Jésus battu de verges par ordre de Pilate.

Dessin à la plume, lavé d'indigo et rehaussé de blanc.
Haut. 0 m. 26 c. — *Larg.* 0 m. 38 c.

409. La Vierge soutenant le corps du Christ.

Elle lève les yeux au ciel, tend les bras, et concourt avec deux anges à soutenir le corps de son fils mort et détaché de la croix.

Dessin à la plume et lavé.
Haut. 0 m. 16 c. — *Larg.* 0 m. 12 c.

Ces deux compositions sont attribuées à Batista del Moro; on présume que le nom de Paolino, inscrit au bas, n'y a été mis que postérieurement à sa mort; ces dessins proviennent de la collection Vasari.

MOTTA, *voir* Raffaello.

MURILLO (Bartolome Esteban), *peintre, né à Séville en 1618, mort dans cette ville en 1682 (École espagnole).*

Il étudia d'abord à Séville à l'école de Juan del Castillo, et ensuite à Madrid sous Velazquez. Après trois ans d'absence, il revint dans sa patrie à Séville en 1645, où il fonda son école. On distingue au nombre de ses élèves Antolinez , Villavicencio , Tobar , Meneses Osorio , etc.

410. La Sainte-Famille en voyage, dirigée par l'Esprit-Saint.

Dessin à la plume et lavé. (Collections Richardson et Jean Barnard.)
Haut. 0 m. 28 c. — *Larg.* 0 m. 20 c.

MUTIEN (GIROLAMO MUZIANO), *peintre, né à Acqua-fredda, dans le Bressan, en 1528, mort en 1590.*

Elève de Girolamo Romanino, il étudia à Venise les ouvrages de l'école vénitienne, vint s'établir à Rome, et y fonda l'académie de Saint-Luc, dont le pape Sixte V le nomma chef.

411. Fuite en Égypte.

La Sainte-Famille est servie par les anges.

Dessin à la plume, lavé et rehaussé de blanc.

Haut. o m. 57 c. — *Larg.* o m. 35 c.

412. La résurrection de Lazare.

Jésus ressuscite Lazare à la prière de ses sœurs Marthe et Marie, et en présence des Juifs venus pour les consoler.

Dessin à la plume et lavé. (Collection Vasari.)

Haut. o m. 35 c. — *Larg.* o m. 51 c.

413. La descente de croix.

Ce dessin a été aussi attribué à Daniel de Volterre.

Dessin terminé à la sanguine.

Haut. o m. 26 c. — *Larg.* o m. 20 c.

414. Saint Jérôme à genoux, au pied d'un crucifix, écrit sous son inspiration.

Dessin à la plume, lavé et rehaussé de blanc.

Haut. o m. 32 c. — *Larg.* o m. 15 c.

415. Paysage.

Dessin à la plume. (Collection Mariette.)

Haut. o m. 27 c. — *Larg.* o m. 42 c.

MUZIANO (GIROLAMO), *né à Acquafredda, dans l'état de Brescia, en 1528, mort vers 1590 (École vénitienne).*

Élève de Romanino, il fut, rapporte Lanzi, si ha-

bile dans les vues champêtres, qu'il fut surnommé à Rome le jeune homme aux paysages. Il fit un assez grand nombre de tableaux d'histoire pour les églises et pour quelques palais de Rome. Il a été surintendant des travaux du Vatican.

416. Saint Paul.

Dessin à la plume, lavé et rehaussé de blanc.

Haut. o m. 5o c. — Larg. o m. 33 c.

417. Tête de vieillard.

Dessin au crayon noir et à l'aquarelle.

Haut. o m. 41 c. — Larg. o m. 28 c.

NALDINI (Batista), *né en 1537, vivait encore en 1590; l'époque de sa mort n'est pas connue* (École florentine).

Il fut dirigé dans ses études d'abord par le Pontorme, et ensuite par Angiolo Bronzini. Pendant le séjour qu'il fit à Rome, Vasari le choisit pour le seconder dans les travaux du vieux palais. On cite de lui, entre autres tableaux, la Descente de Croix et la Purification à Santa Maria Novella.

418. Présentation de Jésus au temple.

Dessin à la plume et lavé.

Haut. o m. 33 c. — Larg. o m. 24 c.

NEBBIA (Cesare) di Orvieto, *mort à l'âge de 78 ans sous le pontificat de Paul V* (Ecole romaine).

Il fut élève du Muziano et présida aux embellissemens ordonnés par Sixte-Quint en dessinant et faisant

*exécuter ses compositions aux artistes qui travaillaient
sous ses ordres.*

419. L'adoration des bergers.

Dessin à la plume et lavé.

Haut. o m. 26 c. — Larg. o m. 23 c.

NOSADELLA, *voir* Bezzi.

ORSI DA NOVELLARA (Lelio), *peintre, né en 1511,
mort en* 1587 (École de Modène).

*Le surnom qui le distingue lui a été donné à cause
du long séjour qu'il fit à Novellara ; il était de Reggio, et développa ses talens par l'étude des ouvrages du
Corrège et de Michel-Ange. La plus grande partie de
ses peintures est répandue dans la Lombardie.*

420. Les murs de Jéricho.

D'après les ordres du Seigneur, les prêtres
prennent les sept trompettes dont on se servait dans le
temps du Jubilé, marchent devant l'arche de l'alliance,
et font sept fois le tour de la ville de Jéricho en son-
nant de la trompette. (*Josué.*)

Dessin à la plume.

Haut. o m. 24 c. — Larg. o m. 10 c.

**421. Jésus descendu de la croix, adoré par les
anges, dont plusieurs tiennent des flambeaux
allumés.**

Ce dessin a été attribué tantôt à Taddeo Zuccaro , tantôt à
Giangiacomo Pandolfi.

Dessin à la plume et lavé.

Haut. o m. 25 c. — Larg. o m. 18 c.

422. Trois voyageurs.

Deux s'entretiennent ensemble et le troisième les écoute.

Dessin à la plume, lavé et rehaussé de blanc.
Haut. o m. 35 c. — *Larg.* o m. 26 c.

PADOUAN (ALESSANDRO VAROTARI, *dit* LE), *peintre né à Padoue en* 1590, *mort en* 1650 (Ecole vénitienne).

Il étudia les fresques du Titien qui sont à Padoue, et devint un imitateur de ce maître.

423. Un repas dans un jardin.

Dessin à la plume et lavé.
Haut. o m. 24 c. — *Larg.* o m. 35 c.

PADOVANINO, *voir* LIONI.

PAGGI (GIO. BATTISTA), *né en* 1554 *mort en* 1627 (École génoise).

Après un séjour de vingt ans à Florence, il retourna à Gènes, sa ville natale, où il travailla pour les églises et des galeries.

424. Adam et Ève chassés du Paradis Terrestre.

Dessin à la plume et lavé.
Haut. o m. 39 c. — *Larg.* o m. 26 c.

PALME (JACOPO PALMA le jeune), *peintre et graveur, né en* 1544, *mort en* 1628 (École vénitienne).

Elève d'Antonio Palma son père, et petit-neveu du vieux Palma. Il étudia les ouvrages du Corrège, de chefs de l'école romaine et surtout ceux de Polidor.

425. Jésus-Christ porté au tombeau

> Dessin à la plume et lavé au bistre.
> *Haut. o m. 18 c. — Larg. o m. 27 c.*

PALMIERI (C.), *dessinateur, graveur à l'eau-forte et au lavis, né à Parme vers 1750.*

Il passa quelques années à Paris, et, de retour à Parme, publia différens sujets de sa composition.

426. Halte de voyageurs près d'une habitation creusée dans le rocher.

> Dessin à la plume et lavé.
> *Haut. o m. 26 c. — Larg. o m. 38 c.*

PANNINI (FRANCESCO), *fils de Gio. Paolo, architecte et dessinateur* (École romaine), *vivait en 1760.*

427. Place de l'Eglise Saint-Pierre du Vatican, à Rome.

> *Haut. o m. 41 c. — Larg. o m. 72 c.*

428. Vue de l'obélisque, des deux fontaines et d'une portion de la colonne de la place Saint-Pierre.

> *Haut. o m. 42 c. — Larg. o m. 72 c.*

429. Vue de la façade de l'église Saint-Pierre, prise sur le côté.

> *Haut. o m. 42 c. — Larg. o m. 72 c.*

430. Vue intérieure du portique de Saint-Pierre.

> *Haut. o m. 43 c. — Larg. o m. 72 c.*

431. Vue intérieure de Saint-Pierre du Vatican.

Haut. o m. 43 c. — Larg. o m. 72 c.

432. Autre vue intérieure de Saint-Pierre.

Haut. o m. 43 c. — Larg. o m. 72 c.

433. Vue extérieure du chevet de l'église Saint-Pierre.

Haut. o m. 43 c. — Larg. o m. 73 c.

434. Vue de l'escalier qui conduit aux appartemens du Vatican à l'église Saint-Pierre.

Cet escalier est du Bernin.

Haut. o m. 43 c. — Larg. o m. 72 c.

435. Vue intérieure de la salle royale qui précède la chapelle Sixtine au Vatican.

Haut. o m. 43 c. — Larg. o m. 72 c.

436. Vue intérieure de la chapelle Sixtine, où se trouve le jugement dernier peint par Michel-Ange.

Haut. o m. 42 c. — Larg. o m. 72 c.

437. Vue intérieure de la cour du Vatican, où sont situées les loges de Raphaël.

Haut. o m. 43 c. — Larg. o m. 72 c.

438. Vue intérieure de la loge, des plans et des cartes géographiques.

Haut. o m. 43 c. — Larg. o m. 72 c.

439. Vue intérieure de la bibliothèque du Vatican.

Haut. o m. 42 c. — Larg. o m. 72 c.

440. Vue d'une cour du Vatican, dont les constructions sont de Bramante.

Haut. o m. 43 c. — Larg. o m. 72 c.

441. Vue du jardin du Vatican, et de la Pomme de Pin en bronze qui ornait le mausolée de l'empereur Adrien.

Haut. o m. 43 c. — Larg. o m. 72 c.

442. Vue du *casin de la villa Pia*, élevée dans l'enceinte du Vatican, sur les dessins de Pirro Ligorio, architecte et peintre napolitain.

Haut. o m. 43 c. — Larg. o m. 72 c.

Ce dessin et les précédens du même maître sont à la plume et à l'aquarelle.

PANNINI (GIO PAOLO), *peintre, né à Plaisance en 1691, mort à Florence en 1764* (École romaine).

On présume qu'il fut élève de B. Luti. Quelques auteurs pensent qu'il reçut des leçons de Lucatelli. Il a vécu au milieu des monumens de l'ancienne Rome, qu'il a souvent rappelés dans ses ouvrages.

443. Ruines d'ordres ionique et dorique.

Dans le fond on aperçoit la statue de Marc-Aurèle, et le Colisée; sur le second plan sont des spectateurs attentifs au iscours d'un prédicateur.

Haut. o m. 26 c. — Larg. o m. 36 c.

444. Ruines d'ordre corinthien.

Sur le côté, on reconnaît les ruines du Forum Nerva.

(Ce dessin et le précédent proviennent de la collection Mariette.)
Haut. o m. 25 c. — Larg. o m. 36 c.

PARMESAN (Francesco Mazzuoli, *dit* Le), *peintre et graveur, né à Parme vers 1503, mort dans la même ville en 1540.*

Il est souvent nommé il Mazzolino, ou il Parmigianino. Ses deux oncles lui enseignèrent les premiers principes de la peinture. Il rechercha les productions de Michel-Ange, de Raphaël, s'attacha au style du second, et fit plusieurs voyages à Rome, à Bologne et à Parme.

445. L'adoration des bergers.

Dessin à la plume, lavé au bistre et rehaussé de blanc.
Haut. o m. 28 c. — Larg. o m. 43 c.

446. L'adoration des mages.

Dessin à la plume, lavé et rehaussé de blanc.
Haut. o m. 17 c. — Larg. o m. 24 c.

447. La Sainte-Famille.

Dessin à la sanguine. (Collection Mariette.)
Haut. o m. 14 c. — Larg. o m. 11 c.

448. Sainte-Famille.

Dessin à la plume, lavé et rehaussé de blanc.
Haut. o m. 15 c. — Larg. o m.

449. Le mariage de sainte Catherine d'Alexandrie.

Cet ouvrage, quelquefois attribué à Niccolo dell'Abate, à Mastelletta, à Tiarini, l'a été plus généralement au Parmesan.

Dessin à la plume, lavé et rehaussé de blanc sur papier bleu.

Haut. o m. 33 c. — *Larg.* o m. 25 c.

450. Une femme assise et absorbée dans la méditation.

Dessin à la plume et lavé.

Haut. o m. 13 c. — *Larg.* o m. o8 c.

451. Deux femmes portent des vases sur leur tête et se donnent la main.

Dessin à la sanguine.

Haut. o m. 20 c. — *Larg.* o m. 15 c.

452. L'Abondance personnifiée.

Dessin au crayon noir, rehaussé de blanc.

Haut. o m. 32 c. — *Larg.* o m. 18 c.

453. Deux têtes de vieillards.

Dessin à la plume et rehaussé de blanc.

Haut. o m. 10 c. — *Larg.* o m. 09 c.

454. Tête de femme.

Dessin à la sanguine.

Haut. o m. 10 c. — *Larg.* o m.

455. Tête de jeune fille.

Dessin à la sanguine.

Haut. o m. o8 c. — *Larg.* o m. 07 c.

PASSAROTTI ou PASSEROTTI (Bartolommeo),

peintre et graveur, mort en 1592 (École bolonaise).

Il aida Taddeo Zuccaro dans ses entreprises de pein-

ture, et fonda à Bologne une école qui fut florissante.

456. Une tête de Christ.

Dessin à la plume. (Collection Mariette.)

Haut. o m. 41 c. — *Larg.* o m. 29 c.

457. Des mariniers rencontrent Homère assis sur les bords de la mer, et lui proposent une énigme à deviner.

Première pensée du tableau peint par Passarotti pour Gio. Batista Deti. Il s'y est représenté sous la figure d'Homère.

Dessin à la plume.

Haut. o m. 51 c. — *Larg.* o m. 27 c.

PASSIGNANO (Domenico Cresti Da), *peintre, né en* 1560, *mort en* 1638 (École florentine).

Après avoir fréquenté les écoles de Girolamo Machietti et de Batista Naldini, il suivit celle de Federigo Zuccaro, exécuta plusieurs ouvrages à Rome, à Venise, à Florence.

458. Multiplication des pains.

Jésus nourrit dans le désert cinq mille personnes, sans compter les femmes et les enfans, avec cinq pains et deux poissons. Elles furent toutes rassasiées, et on remporta douze paniers pleins de morceaux qui étaient restés (*Saint Mathieu*).

Dessin à la plume, lavé et cintré par le haut. (Collection Mariette.)

Haut. o m. 56 c. — *Larg.* o m. 32 c.

PAUL VÉRONÈSE (Paolo Caliari), *peintre et graveur, né à Vérone en* 1530, *mort en* 1588 (École vénitienne).

Élève pour la sculpture de Gabriel Caliari, sculpteur,

et pour la peinture, d'Antonio Badile, son oncle, et de Gio. Carotto; il a été l'émule du Tintoret. Il quitta très jeune Florence, et vint à Rome pour étudier dans l'école de Raphaël.

459. L'adoration des Mages.

Dessin à la plume, lavé et rehaussé de blanc sur papier bleu.

Haut. o m. 30 c. — Larg. o m. 90 c.

460. Un concert d'anges.

Les Anges exécutent un concert en présence de la Vierge occupée à couper le vêtement de l'Enfant-Jésus.

Dessin à la plume, lavé et rehaussé de blanc. (Collections Crozat et Mariette.)

Haut. o m. 38 c. — Larg. o m. 29 c.

461. Jésus chez le Pharisien confond les docteurs.

Dessin tracé à la sanguine et lavé.

Haut. o m. 30 c. — Larg. o m. 67 c.

462. La Madeleine aux pieds de Jésus chez Simon le Pharisien.

Dessin à la plume lavé et rehaussé de blanc.

Haut. o m. 36 c. — Larg. o m. 94 c.

463. Les noces de Cana.

Dessin à la plume et lavé, d'après son tableau.

Haut. o m. 54 c. — Larg. o m. 68 c.

464. Jésus montré au peuple.

Dessin au crayon noir, lavé en partie et rehaussé de blanc.

Haut. o m. 26 c. — Larg. o m. 42 c.

465. Saint Sébastien amené devant ses juges.

Dessin à la plume et lavé.

Haut. o m. 27 c. — Larg. o m. 41 c.

466. La Religion.

Dessin à la plume et lavé.
Haut. o m. 11 c. — *Larg.* o m. 09 c.

467. L'Amour désarmant sa mère.

Dessin à la plume et lavé.
Haut. o m. 08 c. — *Larg.* o m. 08 c.

468. Apollon dirige ses flèches contre Mercure.

Grisaille à l'huile.
Haut. o m. 69 c. — *Larg.* o m. 42 c.

469. L'enlèvement des Sabines.

Dessin à la plume et à l'aquarelle.
Haut. o m. 12 c. — *Larg.* o m. 42 c.

470. Une femme tenant une couronne de fleurs.

Dessin aux crayons noir et blanc.
Haut. o m. 35 c. — *Larg.* o m. 21 c.

471. Buste d'un jeune homme.

Grisaille à l'huile.
Haut. o m. 41 c. — *Larg.* o m. 29 c.

472. Une tête de nègre.
Etude pour le tableau du martyre de sainte Justine, conservé à Padoue.

Dessin aux crayons rouge et noir. (Collections de l'abbé de Camps, Crozat et Mariette.)
Haut. o m. 28 c. — *Larg.* o m. 20 c.

PELLEGRINO PELLEGRINI, *voir* Tibaldi.

PENNACHI, *voir* Trevigi.

PENNI (Gian Francesco), Florentin, ou le Fattore, *né à Férenz, mort vers 1528, à l'âge de 40 ans environ* (École florentine).

Il avait été fort jeune au service de Raphaël, dont il devint l'élève; il travailla sous ses ordres aux peintures du Vatican, et après la mort de son maître, dont il fut un des héritiers, il termina plusieurs tableaux que Raphaël avait laissés non achevés.

473. Descente de croix.

Camaïeu à l'huile.
Haut. 0 m. 45 c. — Larg. 0 m. 36 c.

PENNI (Lucas), *peintre, dessinateur et graveur, vivait en 1530* (École romaine).

Il était frère du Fattore, l'un des élèves distingués de Raphaël, et suivit la même école. Il travailla à Gênes avec Perino del Vaga, fit quelques ouvrages en Angleterre pour Henri VIII, et fut employé à Fontainebleau par Maître Roux, qui s'occupait de la décoration de cette résidence royale. Il a fait un grand nombre de dessins pour les graveurs.

474. La résurrection.

Marie-Madeleine, Marie, mère de Jacques, et Salomé, avaient acheté des parfums pour embaumer Jésus. Arrivées au Sépulcre, au lever du soleil, elles virent un jeune homme vêtu d'une robe blanche, et furent effrayées. Mais il leur dit: Ne craignez rien; vous cherchez Jésus de Nazareth qui a été crucifié, il est ressuscité; il n'est point ici, voici le lieu où on l'avait mis (*Saint Marc*).

Dessin à la plume, lavé et rehaussé de blanc, sur papier colorié.
Haut. 0 m. 30 c. — Larg. 0 m. 46 c.

PERINO DEL VAGA (Bonaccorsi), *dit* aussi Pierino del Ceri ou del Vaga, du nom de ses deux premiers maîtres, *né à Florence vers l'an 1500, mort à Rome en 1547* (École romaine).

Il était encore très jeune quand il quitta Florence, et vint à Rome étudier dans l'école de Raphaël, où il exécuta plusieurs ouvrages sur les dessins du maître, après la mort duquel il termina, avec Jules Romain et le Fattore, les peintures restées inachevées. Après le sac de Rome, en 1527, il fut accueilli à Gènes par le prince Doria, qui lui confia la décoration de son palais.

475. David pince de la harpe pour calmer la fureur de Saül.

Dessin à la plume, lavé et rehaussé de blanc.
Haut. o m. 15 c. — *Larg.* o m. 12 c.

476. La Nativité de la Vierge.

Dessin à la plume, lavé au bistre, rehaussé de blanc et de forme triangulaire. (Collections Jabach et Mariette.)
Haut. o m. 20 c. — *Larg.* o m. 29 c.

477. L'Annonciation.

Dessin à la plume, lavé au bistre, rehaussé de blanc et de forme triangulaire. (Collections Jabach et Mariette.)
Haut. o m. 20 c. — *Larg.* o m. 29 c.

Ces deux dessins ont été gravés et long-temps attribués à Raphaël.

478. Le Christ porté au tombeau.

Dessin à la plume, lavé et rehaussé de blanc.
Haut. o m. 21 c. — *Larg.* o m. 30 c.

479. Le même sujet, traité différemment.

La scène se passe en plein air.

Dessin à la plume, lavé et rehaussé de blanc.

Haut. o m. 27 c. — Larg. o m. 22 c.

480. Triomphe de Bacchus.

Ce Dieu, sur un char traîné par des lions que l'Amour dirige, est précédé par Silène, chancelant sur sa monture et soutenu par des Faunes. Un Amour indique à Bacchus Ariane endormie.

Dessin de forme ovale, à la plume, lavé au bistre et rehaussé de blanc.

Haut. o m. 20 c. — Larg. o m. 27 c.

481. Combat des Amazones.

Ce dessin et le précédent ont appartenu à Crozat et à Mariette ; le dernier a été gravé par Augustin, Vénitien.

Dessin de forme ovale, à la plume, lavé au bistre et rehaussé de blanc.

Haut. o m. 20 c. — Larg. o m. 27 c.

482. Le repas de l'Amour et de Psyché.

Dessin à la plume et lavé.

Haut. o m. 30 c. — Larg. o m. 38 c.

483. Un incendie.

Les habitans d'une ville en proie aux flammes, se sauvent, emportant avec eux ce qu'ils ont de plus précieux. Quelques-uns cherchent à secourir une femme nue, renversée et privée de mouvement.

Dessin à la plume, lavé et rehaussé de blanc.

Haut. o m. 26 c. — Larg. o m. 37 c.

484. Sujet allégorique.

On y remarque la Justice armée, et assise sur un âne.

Dessin de forme ovale, à la plume, lavé et rehaussé de blanc sur papier colorié.

Haut. o m. 19 c. — Larg. o m. 14 c.

485. Sujet inconnu.

Dessin au bistre.

Haut. o m. 14 c. — Larg. o m. 15 c.

486. Un sacrifice.

Dessin à la plume, lavé au bistre et rehaussé de blanc.

Haut. o m. 14 c. — Larg. o m. 15 c.

487. Façade d'un édifice.

Dessin à la plume et lavé.

Haut. o m. 43 c. — Larg. o m. 28 c.

PERUGIN (PIETRO VANUCCI, *dit* LE), *né à Castel della Pieve di Perrugia en 1446, mort en 1524* (École romaine).

Il étudia, à Florence, avec Léonard de Vinci, sous Andrea del Verrocchio, peignit à Assise, fut employé à Rome par le pape Sixte IV, et, de retour à Perouse, y ouvrit une école. Raphaël a été un de ses élèves.

488. Le baptême de Jésus-Christ.

Dessin à la plume et lavé.

Haut. o m. 18 c. — Larg. o m. 34 c.

489. Sainte Marie Cléophé portant dans ses bras saint Jacques le Mineur.

A côté d'elle sont Joseph le Patriarche avec saint Joseph le Juste dans son enfance.

Dessin à la plume.

Haut. o m. 27 c. — Larg. o m. 20 c.

490. Une femme à genoux et drapée.

Dessin à la plume, lavé au bistre et rehaussé de blanc.

Haut. o m. 22 c. — Larg. o m. 17 c.

491. Tête de vieillard.

Dessin à la plume, lavé et rehaussé de blanc.
Haut. o m. 18 c. — *Larg.* o m. 13 c.

PERUZZI (BALDASSARE), *dit* aussi BALDASSARE DA SIENA, *peintre et architecte, né à Accajano, dans le Siennois, vers 1481, mort en 1536.*

Dès son enfance il fixa sa demeure à Sienne, et par son application à l'étude, devint habile dans la peinture et l'architecture. On lui doit la restauration des décorations théâtrales. Il fortifia, comme ingénieur, la ville de Sienne. On assure qu'il a gravé en clair-obscur.

492. La présentation de la Vierge au temple.

Peruzzi peignit cette composition dans l'église de la Paix à Rome, pour Messer Filippo , Siennois, clerc de la chambre apostolique.

Dessin à la plume, lavé et rehaussé de blanc.
Haut. o m. 56 c. — *Larg.* o m. 90 c.

493. L'adoration des Mages.

Dessin à la plume et rehaussé de blanc.
Haut. o m. 24 c. — *Larg.* o m. 29 c.

494. La Calomnie d'Apelles.

Dessin lavé et rehaussé de blanc.
Haut. o m. 43 c. — *Larg.* o m. 89 c.

495. Décoration d'un autel orné de pilastres d'ordre composite.

Dessin à la plume et lavé.
Haut. o m. 39 c. — *Larg.* o m. 26 c.

496. Cinq personnages inconnus.

Ce dessin est présumé avoir été fait d'après la décoration d'une salle de Sienne, qui fait partie de l'édifice Il Consistoro.

Dessin à la plume et lavé.

Haut. o m. 38 c. — *Larg.* o m. 53 c.

497. Projet de monument en l'honneur d'un guerrier.

Dessin à la plume, lavé et rehaussé de blanc.

Haut. o m. 51 c. — *Larg.* o m. 32 c.

498. Composition allégorique.

Selon Vasari, Peruzzi y a représenté, au milieu d'une place publique, décorée de riches et nombreux monumens, une foule d'alchimistes, assiégeant, à l'aide de soufflets, d'alambics et d'autres ustensiles, la statue de Mercure, pour en extraire des trésors.

Mariette et le prélat Bottari vont plus loin : ils pensent que Peruzzi, dans un accès d'humeur contre la mauvaise fortune et les injustices de son siècle, a fait la satire des artistes plus occupés à entasser des richesses qu'à étudier les secrets de l'art ; il a en même temps rendu justice à plusieurs virtuoses célèbres, uniquement occupés des moyens de s'instruire et de se distinguer par leurs productions. Dans le groupe situé à la gauche du spectateur, ils reconnaissent, à son maintien décent, à la douceur de ses traits, à sa jeunesse, Raphaël conversant avec un homme de lettres ; son page, en agaçant un petit chien avec un soufflet, dont le maître a dédaigné de se servir, leur paraît n'avoir été mis en scène que pour désigner le genre de vie honorable de cet artiste célèbre. Michel-Ange est devant lui, et parle avec Fra Bastiano del Piombo, qui est vêtu d'une longue robe, en sa qualité de secrétaire des sceaux de la chancellerie papale. Ce peintre tourne la tête vers Michel-Ange, et semble hésiter à s'acheminer vers la statue. Jean d'Udine, également chéri de Michel-Ange et de Raphaël, leur paraît être celui qui porte familièrement la main sur l'épaule du premier. Sur un plan plus reculé, à la droite du spectateur, Peruzzi s'entretient avec un ami. Sa tête, quoique d'une très petite proportion, n'en ressemble pas moins au portrait mis par Vasari au commencement de sa vie.

Mariette et Bottari ont cru reconnaître dans le docteur qui tient un alambic, porte des lunettes sur le nez, et un capuchon sur la tête, la caricature de San Gallo, architecte très attentif à se faire adjuger toutes les entreprises, pour acquérir des richesses et des honneurs. Enfin l'homme gros et chauve, armé de longues pinces, leur a semblé représenter Bramante, dont la grande avidité égalait les talens. Le prélat Bottari ne croit point avoir épuisé toutes les découvertes que cette composition lui offrait ; il s'est contenté d'avoir mis sur la voie les personnes qui tenteraient d'en faire de nouvelles.

Dessin à la plume et lavé au bistre. (Collections Vasari et Mariette.)

Haut. o m. 24 c. — *Larg.* o m. 42 c.

PESARESE (Simone Cantarini *dit* Le), *peintre et graveur, né à Pesaro en* 1612, *mort à Vérone en* 1648 (École bolonaise).

A Venise, il fut élève de Gio. Giacomo Pandolfi; à Pesaro, de Glaudio Ridolfi. Il aima les productions du Guide, et entra dans son école. Après avoir étudié à Rome les antiques et les peintures de Raphaël, il fonda une école à Bologne.

499. Le repos de la Sainte-Famille.

Dessin à la sanguine.

Haut. o m. 21 c. — *Larg.* o m. 18 c.

500. Le repos de la Sainte-Famille

Dessin à la sanguine.

Haut. o m. 17 c. — *Larg.* o m. 24 c.

501. La mort de saint Joseph.

Dessin à la sanguine. (Collection Mariette.)

Haut. o m. 41 c. — *Larg.* o m. 25 c.

502. Les armes de Médicis sontenues par des Génies.

Dessin à la plume.

PIAZZA, *voir* CALLISTO.

PIAZZETTA (GIOVANNI BATTISTA), *né à Venise en 1754, mort à l'âge de 71 ans (École vénitienne).*

Il travailla à Bologne avec Crespi, dit lo Spagnuolo et y étudia les peintures de Guérino.

503. Le martyre de saint Étienne.

Esquisse coloriée à l'huile.

Haut. o m. 37 c. — Larg. o m. 20 c.

504. Composition mystique.

Grisaille à l'huile sur un trait à la plume.

Haut. o m. 70 c. — Larg. o m. 43 c.

PIETRE DE **CORTONE** (PIETRO BERRETTINI, *dit*), *peintre et architecte, né à Cortona en 1596, mort en 1669.*

Il était élève d'Andrea Comodi à Florence, et de Baccio Ciarpi à Rome, où il étudia les bas-reliefs antiques, et les ouvrages de Polidore.

505. Abraham, pour satisfaire Sara mécontente d'Agar, la lui remet entre les mains.

Dessin au crayon noir.

Haut. o m. 28 c. — Larg. o m. 35 c.

506. Même sujet, traité différemment.

Haut. o m. 19 c. — Larg. o m. 20 c.

507. Repos de la Sainte-Famille.

L'Enfant-Jésus, assis sur les genoux de sa mère, tend les bras à saint Joseph occupé des préparatifs du voyage.

Dessin à la plume et lavé. (Collection Mariette.)

Haut. o m. 28 c. — Larg. o m. 27 c.

PIPPI, *voir* JULES ROMAIN.

POLIDORE (POLIDORO CALDARA), *peintre, né à Caravaggio, dans le Milanais, vers l'an 1495, mort en 1543 (École romaine).*

Son inclination pour la peinture se développa en préparant, comme maçon, aux artistes les fonds nécessaires pour exécuter la fresque. Il étudia les bas-reliefs antiques. Après la mort de son ami Maturino, qui le conseillait dans ses travaux, il se rendit, vers l'an 1528, à Naples où il fut accueilli par Andrea da Salerno, son ancien condisciple ; de retour à Naples il passa en Sicile, et à son retour fut assassiné par un valet qui avait trahi sa confiance.

508. Célébration de la messe.

Ce sujet a été gravé sur bois et en manière de lavis pour le recueil de Crozat.

Dessin à la plume, lavé au bistre et rehaussé de blanc. (Collections Crozat et Mariette.)

Haut. o m. 22 c. — *Larg.* o m. 31 c.

509. Les malheurs de Niobé.

Portion d'une frise ; camaïeu à l'huile.

Haut. o m. 26 c. — *Larg.* 1 m. 56 c.

510. Embarquement.

Frise dessinée sur papier bleu, à la plume, lavée et rehaussée de blanc.

Haut. o m. 22 c. — *Larg.* o m. 51 c.

511. Un sacrifice.

Portion de frise dessinée sur papier bleu, à la plume, lavée et rehaussée de blanc.

Haut. o m. 23 c. — *Larg.* o m. 21 c.

512. Une mère portant son enfant, est suivie d'une jeune fille.

Étude à la sanguine.

Haut. o m. 19 c. — Larg. o m. 28 c.

513. Transports d'armes et de vases sur des chars traînés par des chevaux et des bœufs.

Frise dessinée à la plume, lavée et rehaussée de blanc.

Haut. o m. 22 c. — Larg. 1 m. 25 c.

514. Barque remplie de pêcheurs.

Frise dessinée à la plume, lavée et rehaussée de blanc.

Haut. o m. 43 c. — Larg. o m. 91 c.

515. Combat et trophées.

Camaïeu à l'huile.

Haut. o m. 23 c. — Larg. o m. 63 c.

516. Vaincus implorant la clémence du vainqueur.

Camaïeu à l'huile.

Haut. o m. 18 c. — Larg. o m. 20 c.

517. Trophées et récompenses décernés à des soldats.

Camaïeu à l'huile.

Haut. o m. 23 c. — Larg. o m. 70 c.

PONTORMO (Jacopo Carucci da), *peintre, né en 1493, mort vers 1558.* (École florentine).

Il passa de l'école de Léonard de Vinci dans celles d'Albertinelli, de Pier di Cosimo, et d'Andrea del Sarto.

518. Naissance de la Vierge.

Dessin à la sanguine.

Haut. o m. 42 c. — Larg. o m. 57 c.

519. Jésus, debout entre les genoux de sa mère, reçoit les hommages de plusieurs bienheureux.

On distingue sur le premier plan saint Roch et saint Sébastien.

Dessin à la plume et lavé. (Collections J. Barnard et Berthels.)

Haut. o m. 36 c. — *Larg.* o m. 34 c.

520. Un Enfant.

Dessin à la sanguine.

Haut. o m. 19 c. — *Larg.* o m. 12 c.

PORDENONE (Gio. Antonio Licino Da), *peintre, mort vers* 1540, *à l'âge de* 56 *ans* (Ecole vénitienne).

On n'est point parfaitement d'accord sur le nom de famille de cet artiste, à qui on est convenu de donner celui de sa patrie. Il étudia les ouvrages de Pellegrino di San-Daniello et les fresques du Giorgion.

521. Jésus présenté au temple pour satisfaire à la loi.

Dessin lavé et rehaussé de blanc sur papier bistré.

Haut. o m. 34 c. — *Larg.* o m. 26 c.

PORTA (Fra Guglielmo Della), *sculpteur, vivait en* 1550 (Ecole florentine).

A Milan, il fréquenta l'école de son oncle, Jean-Jacques de la Porte, et il y étudia les ouvrages de Léonard de Vinci; à Gênes, il se perfectionna dans le dessin sous Perino del Vaga; à Rome, protégé par Michel-Ange, il eut des travaux considérables, et à la mort de Sébastien del Piombo, il obtint la place de scelleur à la chancellerie romaine, sous la condition d'exécuter le tombeau de Paul III dans l'église de St-Pierre.

522. Josué fait porter par les prêtres l'arche d'alliance au milieu du Jourdain.

Le Fleuve personnifié retient les eaux supérieures et laisse couler les eaux inférieures pour faciliter au peuple d'Israël le passage de son lit à pied sec.

Dessin à la plume et lavé. (Collections Richardson et J. Barnard.)

Haut. o m. 19 c. — *Larg.* o m. 16 c.

PORTA, *voir* Fra Bartolommeo.

PRETI MATTIA, *voir* Calabrese.

PRIMATICE (Francesco Primaticcio), surnommé l'abbé de St-Martin), *peintre, sculpteur et architecte, né à Bologne en 1490, mort en France vers 1570 (Ecole bolonaise).*

*Il apprit à dessiner sous Innocenzio da Imola, à peindre sous B. Bagnacavallo; il travailla à Mantoue sous Jules Romain, vint en France dans l'année 1531, décora le château de Fontainebleau, et fit un voyage en Italie, en 1540, par ordre de François I*er*; il y acheta et fit mouler des statues antiques, dont plusieurs ont été coulées en bronze. On lui doit encore le plan du château de Meudon, le dessin du tombeau de François I*er*. En récompense de ses services, il obtint la riche abbaye de St-Martin, à Troyes, et fut intendant-général des maisons royales.*

523. Rebecca donne à boire à Eliézer.

Dessin de forme ovale, à la sanguine, rehaussé de blanc.

Haut. o m. 27 c. — *Larg.* o m. 32 c.

524. Bénédiction de Jacob.

Isaac, pour s'assurer qu'il donne sa bénédiction à son premier-né, prend les mains de Jacob, qui lui est présenté par Rebecca à la place d'Esaü.

Dessin de forme ovale, à la sanguine et rehaussé de blanc.

Haut. o m. 27 c. — Larg. o m. 31 c.

525. La Charité.

Dessin à la plume, lavé et rehaussé de blanc.

Haut. o m. 40 c. — Larg. o m. 41 c.

526. La Charité.

Dessin à la plume, lavé et rehaussé de blanc.

Haut. o m. 41 c. — Larg. o m. 18 c.

527. Un Prophète.

Dessin à la plume et rehaussé de blanc.

Haut. o m. 42 c. — Larg. o m. 15 c.

528. L'assemblée des dieux.

Dessin à la plume, lavé et rehaussé de blanc. (Collection Mariette.)

Haut. o m. 38 c. — Larg. o m. 33 c.

529. Le festin des dieux.

Dessin à la plume et lavé.

Haut. o m. 28 c. — Larg. o m. 58 c.

On présume que ces deux dessins sont la première pensée des compositions exécutées dans la salle de Henri II au palais de Fontainebleau.

530. Les divinités marines amènent les chevaux du soleil.

Elles attendent, pour les atteler à son char, que l'Aurore, qui doit le précéder, ait quitté Titon, son vieil époux, endormi sur son sein.

Ce sujet a été exécuté dans l'une des voûtes du passage de la porte dorée au palais de Fontainebleau.

Dessin à la plume, lavé et rehaussé de blanc.

Haut. o m. 25 c. — Larg. o m. 35 c.

531. Jupiter.

Dessin à la plume, lavé et rehaussé de blanc.

Haut. o m. 41 c. — Larg. o m. 39 c.

532. Léda.

Dessin à la plume, lavé et rehaussé de blanc.

Haut. o m. 42 c. — Larg. o m. 40 c.

533. Mars et Vénus au bain.

Dessin à la plume et lavé.

Haut. o m. 22 c. — Larg. o m. 38 c.

534. Mars et Vénus.

Esquisse pour un plafond exécuté à Fontainebleau.

Dessin à la plume, lavé au bistre et rehaussé de blanc.

Haut. o m. 17 c. — Larg. o m. 27 c.

535. Le triomphe de l'Amour.

Dessin à la plume, lavé et rehaussé de blanc sur fond colorié en bleu.

Haut. o m. 12 c. — Larg. o m. 88 c

536. Bacchus étouffe un serpent.

Dessin à la sanguine rehaussé de blanc.

Haut. o m. 13 c. — Larg. o m. 25 c.

537. Flore.

Dessin à la plume, lavé et rehaussé de blanc.

Haut. o m. 41 c. — Larg. o m. 38 c.

338. Amphitrite.

Dessin à la plume, lavé et rehaussé de blanc.

Haut. o m. 42 c. — *Larg.* o m. 39 c.

339. Pan et Syrinx.

Dessin à la plume et lavé.

Haut. o m. 55 c. — *Larg.* o m. 40 c.

340. Pan accompagné de plusieurs génies.

Haut. o m. 18 c. — *Larg.* o m. 29 c.

341. L'Aurore sur son char.

Dessins à la sanguine rehaussé de blanc.

Haut. o m. 18 c. — *Larg.* o m. 29 c.

342. Hylas enlevé par les Nymphes.

Dessin à la sanguine et rehaussé de blanc.

Haut. o m. 15 c. — *Larg.* o m. 22 c.

343. Réunion de Satyres.

Dessin à la plume et lavé.

Haut. o m. 54 c. — *Larg.* o m. 41 c.

344. Un Fleuve appuyé sur son urne.

Près de lui sont des enfans jouant avec un chameau.

Dessin à la plume et lavé.

Haut. o m. 16 c. — *Larg.* o m. 26 c.

345. Phèdre et Hippolyte.

Dessin à la plume et lavé.

Haut. o m. 52 c. — *Larg.* o m. 42 c.

346. Phèdre, Thésée et Hippolyte.

Dessin à la plume et lavé.

Haut. o m. 5 c. — *Larg.* o m. 41 c.

547. Un prisonnier conduit devant le vainqueur.

On présume que cette composition représente Frédéric le Magnanime, électeur de Saxe, fait prisonnier à la bataille de Mulberg, le 24 avril 1547, et conduit devant l'empereur Charles-Quint.

Dessin à la plume, lavé et rehaussé de blanc.
Haut. o m. 27 c. — Larg. o m. 84 c.

548. Sujet allégorique.

Dessin à la plume, lavé et rehaussé de blanc.
Haut. o m. 54 c. — Larg. o m. 38 c.

549. Sujet allégorique.

François Ier visite Fontainebleau; à gauche, le roi, qui a mis pied à terre, est suivi de sa cour; à droite, la nymphe du lieu se baigne avec ses compagnes.

Dessin à la plume et lavé.
Haut. o m. 36 c. — Larg. o m. 86 c.

550. Plusieurs génies.

Ils sont distribués sur un plan demi-circulaire.

Dessin à la plume et lavé.
Haut. o m. 46 c. — Larg. o m. 94 c.

551. La Tempérance.

Dessin à la plume, lavé et rehaussé de blanc.
Haut. o m. 39 c. — Larg. o m. 40 c.

552. Jeune homme porté au son des instrumens.

Dessin à la plume, lavé et rehaussé de blanc.
Haut. o m. 24 c. — Larg. o m. 38 c.

555. Fragment de dessin pour l'ornement d'un plafond exécuté à Fontainebleau.

Dessin à la plume lavé et rehaussé de blanc.

Haut. o m. 25 c. — Larg. o m. 42 c.

554. Deux vieillards.

Dessin à la sanguine rehaussé de blanc.

Haut. o m. 14 c. — Larg. o m. 22 c.

PROCACCINI SENIORE (ERCOLE), *peintre bolonais, né en 1520, vivait en 1591.*

Il est connu par l'école qu'il ouvrit à Milan, de concert avec ses enfans Camillo, Giulio Cesare, et Carlantonio, père d'Ercole Procaccini Juniore.

555. Jésus expire sur la croix entre les deux larrons.

La Vierge s'évanouit, et les vêtemens du Christ sont livrés au sort.

Dessin à la plume et lavé. (Collection Vasari.)

Haut. o m. 40 c. — Larg. o m. 27 c.

PROCACCINI (CAMILLO), *peintre, né à Bologne, en 1546, mort en 1626.*

Fils d'Ercole Procaccini et son élève. A Milan, il ouvrit avec son père une école qui devint célèbre.

556. La procession de la Fête-Dieu.

Dessin à la plume et lavé.

Haut. o m. 20 c. — Larg. o m. 66 c.

557. Cérémonie religieuse présidée par le pape.

Dessin à la plume et lavé.

Haut. o m. 20 c. — Larg. o m. 25 c.

PUPINI, *voir* Biagio.

RAFFAELLINO DEL COLLE, *né près le Borgo; il vi=*
vait en 1547 (École florentine).

Lanzi rapporte qu'on le dit élève de Raphaël et de
Jules Romain. Il dirigea une école à San Sepolcro, et
compta parmi ses élèves le Gherardi, le Vecchi, etc.

558. Saint Joseph apprend à lire à l'Enfant-Jésus.

Camaïeu à l'huile.
Haut. 0 m. 19 c. — *Larg.* 0 m. 15 c.

RAFFAELLO (del Garbo, *dit* il Raffaellino),
peintre, mort en 1524, *à* 58 *ans* (École florentine).
Élève de Lippi Filippo.

559. Les frères de Joseph prenant la résolution
de le descendre dans la citerne.

Dessin de forme cintrée, à la plume et lavé au bistre.
Haut. 0 m. 10 c. — *Larg.* 0 m. 20 c.

560. Les frères de Joseph se disposent à le retirer
de la citerne pour le vendre aux Ismaélites.

Dessin de forme cintrée, à la plume et lavé au bistre.
Haut. 0 m. 11 c. — *Larg.* 0 m. 20 c.

561. Joseph ordonne à ses frères venus en Egypte
de lui laisser Benjamin en ôtage.

Dessin à la plume et lavé.
Haut. 0 m. 11 c. — *Larg.* 0 m. 18 c.

562. Jésus-Christ mort, descendu de la croix et pleuré par les saintes femmes.

Dessin à la plume et lavé.

Haut. o m. 11 c. — *Larg.* o m. 17 c.

RAFFAELLO MOTTA, *dit* aussi RAFFAELLINO DA REGGIO, *peintre, né en* 1550, *mort en* 1578 (Ecole romaine).

Élève de Lelio Orsi da Novellara; il peignit à Rome et à Caprarole.

563. Un repas sur une place publique.

Cette composition a été quelquefois désignée sous le titre des *Noces de Cana.*

Dessin de forme ronde, exécuté à la sanguine. (Collection Mariette.)

Diam. o m. 32 c.

564. Jésus mort soutenu par saint Joseph d'Arimathie, et la Vierge évanouie secourue par les saintes femmes.

Dessin à la plume et lavé.

Haut. o m. 19 c. — *Larg.* o m. 06 c.

RAPHAEL (RAFFAELLO SANZIO, ou DI SANTI), *peintre, sculpteur et architecte, né à Urbin, en* 1483, *mort à Rome, en* 1520.

D'abord élève de Gio. Sanzio, son père, il entra ensuite dans l'école de Pietro Pérugino. Il étudia à Florence, les ouvrages de Léonard de Vinci, de Michel-Ange, et principalement, rapporte Lanzi, les cartons de la guerre contre les Pisans. Il se lia d'amitié avec Fra

Bartolommeo de Florence. Appelé à Rome par le Bramante, et présenté au pape Jules II (Julien de la Rovère), il fut chargé de l'exécution d'une partie des peintures du Vatican. Raphaël fit un grand nombre de dessins qui ont été exécutés en peinture par ses élèves, et en tapisserie dans les fabriques de Flandre. On compte parmi ses élèves, dont le Musée possède des ouvrages, Jules Romain, Polidoro, Perino del Vaga, And. Sabbatini, Garofolo, Andrea di Assidi, etc.

565. Laban et Rachel.

Laban vient chercher ses idoles dérobées par Rachel et cachées sous elle.

Dessin à la plume et lavé.

Haut. o m. 10 c. — *Larg.* o m. 20 c.

566. Dieu donne à Moïse les Tables de la loi.

Dessin à la plume et lavé.

Haut. o m. 26 c. — *Larg.* o m. 28 c.

567. La Vierge assise allaite l'Enfant-Jésus.

Etude à la plume et lavée au bistre.

Haut. o m. 25 c. — *Larg.* o m. 18 c.

568. La multiplication des pains.

Dessin lavé et rehaussé de blanc.

Haut. o m. 51 c. — *Larg.* o m. 78 c.

569. En présence des Apôtres, Jésus-Christ donne à saint Pierre les clefs, symbole de la puissance pontificale.

Première pensée de l'un des cartons composés par Raphaël qui ont été exécutés en tapisseries dans les manufactures de Flandre et de France. Ils sont à présent en Angleterre, dans le château d'Hamptoncourt.

Dessin à la plume, lavé au bistre et rehaussé de blanc.
(Collections Stella, Antoine Coypel et du Régent.)
Haut. o m. 23 c. — *Larg.* o m. 36 c.

570. Le portement de croix.

Dessin lavé au bistre et rehaussé de blanc.
Haut. o m. 50 c. — *Larg.* o m. 42 c.

571. Jésus-Christ dans sa gloire, la Vierge, saint Jean, saint Paul et sainte Catherine.

Dessin à la plume, lavé et rehaussé de blanc.
Haut. o m. 42 c. — *Larg.* o m. 29 c.

572. Marie et Madeleine montent les degrés du trône sur lequel Jésus est assis.

Ce sujet a été gravé par Marc-Antoine.

Dessin à la plume, lavé et rehaussé de blanc.
Haut. o m. 23 c. — *Larg.* o m. 38 c.

573. La prédication de saint Paul à Athènes.

Première pensée du carton qui est en Angleterre. Il a été gravé par Marc-Antoine.

Dessin à la plume, lavé au bistre et rehaussé de blanc.
Haut. o m. 25 c. — *Larg.* o m. 32 c.

574. Sainte Catherine d'Alexandrie appuyée sur la roue, instrument de son martyre.

Dessin aux crayons noir et blanc, sur papier gris.
Haut. o m. 59 c. — *Larg.* o m. 44 c.

575. Apparition de saint Pierre et de saint Paul à Attila.

Le roi des Huns marchant contre Rome avec dessein de la détruire, recule saisi d'épouvante à l'aspect de saint Pierre et de saint Paul, qui lui apparaissent armés d'épées flamboyantes.

Première pensée de la fresque, peinte dans une salle du Vatican. En l'exécutant, Raphaël a supprimé le groupe de soldats qui est à gauche, au-dessous des Apôtres ; il a substitué Léon X et sa cour, qui sont placés sur le troisième plan du dessin. Gravé par le comte de Caylus. M. R.

Dessin à la plume, lavé et rehaussé de blanc.

Haut. o m. 37 c. — *Larg.* o m. 60 c.

576. Une femme assise et à demi-nue.

Etude faite d'après la Fornarina, pour représenter la Vierge dans le tableau de la Sainte-Famille exécuté en 1518, pour François Ier, roi de France.

Dessin à la sanguine. (Collections J. Stella, Crozat et Mariette.)

Haut. o m. 17 c. — *Larg.* o m. 12 c.

577. Etude d'après nature.

Pour servir à l'exécution des deux disciples de Jésus-Christ, placés au bas de la montagne dans le tableau de la Transfiguration.

Dessin à la sanguine.

Haut. o m. 34 c. — *Larg.* o m. 22 c.

578. Tête d'homme de grandeur naturelle.

Pour le carton qui représente Jésus-Christ donnant à saint Pierre les clefs de l'Église.

Dessin au crayon noir, colorié à l'aquarelle.

Haut. o m. 45 c. — *Larg.* o m. 33 c.

579. Une tête de femme de grandeur naturelle.

Pour le carton représentant la mort d'Ananie.

Dessin au crayon noir, colorié à l'aquarelle.

Haut. o m. 54 c. — *Larg.* o m. 37 c.

580. Tête d'homme de grandeur naturelle.

Pour le carton représentant la mort d'Ananie.

Dessin au crayon noir, colorié à l'aquarelle.

Haut. o m. 53 c. — *Larg.* o m. 37 c.

581. Alexandre offre la couronne à Roxane.

Les Amours s'occupent de sa toilette, jouent avec la lance, le bouclier et la cuirasse du héros désarmé.

Dessin à la plume, lavé au bistre et rehaussé de blanc.

Haut. o m. 31 c. — *Larg.* o m. 37 c.

582. Psyché offre à Vénus le fard de la beauté demandé par son ordre à Proserpine.

Étude pour le plafond peint à Rome au palais dit *la Farnesine.*

Dessin à la sanguine. (Collections Malvasia, Crozat et Mariette.)

Haut. o m. 27 c. — *Larg.* o m. 20 c.

583. La calomnie d'Apelles.

Apelles, dit Lucien, impliqué sans sujet dans une conjuration contre Ptolomée, roi d'Egypte, peignit, pour se venger de ses persécuteurs, la *Crédulité* caractérisée par ses longues oreilles. Elle siége entre l'*Ignorance* et le *Soupçon,* accueille la *Calomnie,* qui, sous la figure d'une femme belle et richement parée, s'avance vers elle armée d'une torche, et traîne par les cheveux l'*Innocence,* dont les yeux et les mains levés vers le ciel semblent en implorer l'assistance. L'*Envie,* aux yeux louches, au visage hâve et décharné, guide les pas de la *Calomnie,* qui a pour compagnes la *Fraude* et l'*Artifice,* occupées du soin de la parer. Derrière elle vient le *Repentir tardif,* en long manteau de deuil, s'arrachant les cheveux, se mordant les doigts à l'aspect de la *Vérité,* qui se montre sans voile et dans tout son éclat.

Dessin à la plume et lavé au bistre.

Haut. o m. 32 c. — *Larg.* o m. 48 c.

584. Retour de Jean de Médicis à Florence.

Le cardinal Jean de Médicis, qui depuis a été pape sous le nom de Léon X, retourne à Florence, en 1512, après dix-huit ans d'exil.

Dessin à la plume, lavé et rehaussé de blanc.

Haut. o m. 11 c. — *Larg.* o m. 40 c.

585. Ridolfi-Gonfalonier.

Ridolfi Gonfalonier, de Florence, harangue le peuple à la porte du vieux palais, et s'efforce de l'indisposer contre les Médicis.

Dessin à la plume, lavé et rehaussé de blanc.

Haut. o m. 13 c. — *Larg.* o m. 42 c.

Ces deux dessins font partie des bordures mises autour des tapisseries des Actes des Apôtres, exécutées sous le pontificat de Léon X.

586. Vieillard debout et drapé.

Ce dessin a appartenu à l'évêque d'Arezzo, Marchetti, dont la collection a été très célèbre ; au père Resta, qui avait la réputation de connaisseur habile, et nommait ce dessin *perle orientale;* enfin à lord Sommerset et à Richardson père.

Dessin lavé et rehaussé de blanc.

Haut. o m. 14 c. — *Larg.* o m. o6 c.

587. Portrait de femme présumé celui de la Fornarina, maîtresse de Raphaël.

Dessin à la plume.

Haut. o m. 22 c. — *Larg.* o m. 16 c.

RAPHAEL (ÉCOLE DE).

588. Naissance de la Vierge.

Dessin lavé et rehaussé de blanc sur papier colorié.

Haut. o m. 32 c. — *Larg.* o m. 21 c.

589. Présentation de la Vierge au temple.

Dessin lavé et rehaussé de blanc sur papier colorié.

Haut. o m. 3o c. — *Larg.* o m. 21 c.

590. La Vierge à la Chaise.

D'après le tableau de Raphaël conservé à Florence.

Peinture en miniature.

Diam. o m. 15 c.

591. La dispute du Saint-Sacrement.

Copie.

Dessin à la plume, lavé et rehaussé de blanc.

Haut. o m, 46 c. — *Larg.* o m. 87 c.

RAIBOLINI, *voir* FRANCIA.

RAZZI, *voir* SODOMA.

RENI GUIDO, *voir* GUIDE.

RIBERA, *voir* ESPAGNOLET.

RICAMATORE, *voir* JEAN d'UDINE.

RICCI, appelé par les Vénitiens **RIZZI** (SEBASTIANO), *peintre, né vers 1660, mort en 1734 (Ecole vénitienne).*

Il suivit l'école de Federigo Cervelli, peintre milanais, et étudia les maîtres bolonais et flamands. Ses pastiches ont été très recherchées.

592. Les Israélites frappés de la peste.

L'Éternel frappe de la peste les Israélites pour punir David de s'être énorgueilli de la multiplication du peuple qu'il avait dénombré.

Ce dessin a été quelquefois attribué à Rivaltz.

Dessin à la plume, lavé et rehaussé de blanc.
(Collection Mariette.)

Haut. o m. 27 c. — *Larg.* o m. 38 c.

595. Jésus-Christ donne des instructions à ses apôtres.

Dessin à la plume et lavé.
Haut. 0 m. 21 c. — Larg. 0 m. 30 c.

RICCIARELLI, *voir* DANIEL DE VOLTERRE.

RIDOLFI (CLAUDIO), *peintre, né en 1560, mort en 1644 (Ecole vénitienne).*

Il suivit l'école de Paul Véronèse et de Baroche, exécuta un grand nombre de peintures dans plusieurs parties de l'Italie, et revint à Vérone, où il était né, pour jouir du fruit de ses travaux.

594. Le Père-Eternel donne des ordres à l'ange Gabriel prosterné à ses pieds.

Dessin à la plume, lavé et rehaussé de blanc.
Haut. 0 m. 28 c. — Larg. 0 m. 42 c.

ROBUSTI, *voir* TINTORET.

ROMANELLI (GIOVANNI-FRANCESCO), *né à Viterbe, en 1617, mort en 1662.*

Élève du Dominiquin et de Pietro ; il se rendit en France et fut employé dans les travaux du Louvre.

595. Ornement d'un plafond.

Dessin à l'aquarelle.
Haut. 0 m. 24 c. — Larg. 0 m. 52 c.

ROSA, *voir* BADALOCCHI et SALVATORE.

ROSALBA CARRIERA, *née à Venise en 1675, morte en 1757 (École vénitienne).*

Cette artiste a peint à l'huile, en miniature, et surtout au pastel. Rosalba suivit les conseils de Gio. Antonio Lazzari, de Diamantini, de Balestra, et de son beau= frère Antonio Pellegrini.

596. Une jeune femme tenant à la main une couronne de lauriers.

Rosalba présenta ce dessin au pastel pour sa réception à l'Académie Royale de Peinture de Paris, en 1720.

Haut. o m. 64 c. — Larg. o m. 57 c.

597. Portrait d'une jeune dame.

Dessin au pastel.

Haut. o m. 52 c. — Larg. o m. 42 c.

598. Portrait d'une jeune personne.

Dessin au pastel.

Haut. o m. 35 c. — Larg. o m. 28 c.

599. Portrait d'une dame qui tient un petit singe sous le bras.

Dessin au pastel.

Haut. o m. 57 c. — Larg. o m. 43 c.

ROSSO (IL), *peintre et architecte, né à Florence en 1496, mort à Fontainebleau, en 1541.*

On ne connaît pas son maître, mais on sait qu'il étudia les ouvrages de Michel-Ange Buonarotti. Attiré en France par les libéralités de François Ier, il y fut connu sous le nom de maître Roux. On regrette que presque toutes les peintures qu'il fit à Fontainebleau aient été détruites en grande partie.

600. Mars et Vénus servis par l'Amour et par les Grâces.

Dessin à la plume et rehaussé de blanc sur papier colorié en brun.

Haut. o m. 43 c. — *Larg.* o m. 34 c.

SALIMBENI (VENTURA), *peintre et graveur, né en 1557, mort en 1613 (Ecole de Sienne).*

Il était fils d'Arcangelo Salimbeni, frère utérin de Francesco Vanni, et fut surnommé le chevalier Bevilacqua, pour avoir été attaché à un cardinal de ce nom. Ayant quitté de bonne heure l'école de son père, il parcourut la Lombardie, étudia les ouvrages du Corrège, ceux de Baroche, et travailla à Rome, à Sienne, à Florence, à Gênes, etc.

601. L'ange du Seigneur apparaît à Zacharie près de l'autel des parfums.

Dessin à la plume et lavé.

Haut. o m. 36 c. — *Larg.* o m. 25 c.

602. Sainte Cécile reçoit la couronne du martyre.

Le bourreau, étonné de n'avoir pu lui trancher la tête après l'avoir frappée trois fois de son glaive, la laisse baignée dans son sang entre les bras de ses femmes.

Dessin à la plume et lavé. (Collections Arondel, Ph. Lauchrinck et Mariette.)

Haut. o m. 26 c. — *Larg.* o m. 18 c.

603. Vieillards privés de leurs mains, assis autour d'un autel.

Dessin à la plume et lavé.

Haut. o m. 24 c. — *Larg.* o m. 36 c.

SALVATORE ROSA, *peintre, et graveur, nommé dans sa jeunesse Salvatoriello, né à Naples, en 1615, mort à Rome en 1673.*

Élève de Ciccio Fracanzano, son beau-frère, d'Aniello Falcone et de l'Espagnolet ; il a peint l'histoire, le paysage et la marine, et gravé à l'eau-forte.

604. Groupe de personnages de différens âges.

Dessin à la plume.

Haut. o m. 27 c. — Larg. o m. 24 c.

605. Étude de vieillard.

Il est debout, monté sur une pierre et tient un tamis.

Dessin à la plume et lavé. (Collection Mariette.)

Haut. o m. 25 c. — Larg. o m. 18 c.

SALVIATI (FRANCESCO DE'), ROSSI, *dit* CECCHINO DE' SALVIATI, *peintre, né à Florence en 1510, mort en 1563, on ne dit pas dans quelle ville* (Ecole florentine).

Élève d'Andrea del Sarto et de Baccio Bandinelli, il se rendit avec Vasari à Rome, où il fit plusieurs ouvrages. Il travailla ensuite à Florence, à Venise, et aussi en France, où il vint en 1554.

606. L'adoration des bergers.

L'Enfant-Jésus, resplendissant de gloire, est adoré par ses parens, et visité par les bergers : dans le fond on remarque l'ange qui avertit les pasteurs de la naissance du Messie.

Dessin à la plume, lavé et rehaussé de blanc.

Haut. o m. 41 c. — Larg. o m. 26 c.

607. La Vierge et l'Enfant-Jésus.

Étude aux crayons noir et blanc.

Haut. o m. 57 c. — Larg. o m. 43 c.

608 L'incrédulité de saint Thomas.

Dessin à la plume, lavé au bistre.
Haut. o m. 44 c. — Larg. o m. 40 c.

SAMACCHINI (Orazio), *peintre, né en 1532, mort en* 1577 (Ecole bolonaise).

On le désigne encore sous le nom de Somachino et de Fumaccini. Il suivit l'école de Pellegrino Tibaldi, se perfectionna par l'étude des chefs=d'œuvre des écoles de Rome et de Parme.

609. L'Enfant-Jésus donne sa bénédiction à un vieillard.

L'Enfant-Jésus, assis sur les genoux de sa mère, donne sa bénédiction à un vieillard, qui lui est présenté par saint Jean l'Evangéliste.

Dessin à la plume et lavé.
Haut o. m. 23 c. — Larg. o m. 15 c.

SANTI DI TITO, *peintre et architecte, né en* 1538, *mort en* 1603 (Ecole florentine).

Il suivit l'école d'Agnolo Bronzino, et de Baccio Bandinelli.

610. Le Christ en croix.

Il est pleuré par la Vierge, la Madeleine, saint Paul, saint Jean et saint Etienne.

Dessin à la plume, lavé et rehaussé de blanc.
Haut. o m. 35 c. — Larg. o m. 28 c.

611. Jésus à table avec deux disciples à Emmaüs.

La scène est dans une galerie ouverte.

Dessin à la plume, lavé et rehaussé de blanc. (Collection Vasari.)

Haut. o m. 29 c. — Larg. o m. 20 c.

SANTI ou **SANZIO,** *voir* Raphael.

SCHIAVONE (Andrea Medola ou Medula da Sebenico, *dit* Le), *peintre et graveur, né en 1522, mort en 1582 (Ecole vénitienne).*

Il étudia à Venise les ouvrages du Giorgion et du Titien, et fit quelques travaux de peinture pour la bibliothèque de Saint-Marc.

612. La Cène.

Dessin lavé sur crayon et rehaussé de blanc.

Haut. o m. 30 c. — Larg. o m. 56 c.

613. La Charité.

Dessin au crayon noir estompé. (Collections J. Barnard et Berthels.)

Haut. o m. 19 c. — Larg. o m. 16 c.

614. La Charité.

Dessin aux crayons noir et blanc estompé.

Haut. o m. 19 c. — Larg. 16 c.

SCHIDONE ou **SCHEDONE** (Bartolommeo), *peintre et graveur, mort jeune, en 1615 (Ecole de Modène).*

Il étudia les ouvrages du Corrège, et, en 1604, il peignit à Modène en concurrence avec Ercole Abati. Ses peintures sont très rares.

615. L'aumône.

Esquisse du tableau conservé dans la galerie de *Capo di Monte* à Naples.

Dessin peint à l'huile, en camaïeu.
(Collection Mariette.)
Haut. o m. 37 c. — *Larg.* o m. 28 c.

616. Mariage de sainte Catherine d'Alexandrie.

Dessin à la plume et lavé.
Haut. o m. 19 c. — *Larg.* o m. 16 c.

617. Mariage de sainte Catherine d'Alexandrie.

En présence de saint Joseph, de Zacharie et de saint Jean-Baptiste, Jésus, assis sur les genoux de sa mère, donne l'anneau nuptial à sainte Catherine d'Alexandrie.

Cette étude a aussi été attribuée à Schiavone.

Esquisse à l'huile.
Haut. o m. 20 c. — *Larg.* o m. 16 c.

SÉBASTIEN DEL **PIOMBO** (FRA BASTIANO LUCIANO, dit), *né à Venise en* 1485, *et mort en* 1547; *on ne dit pas dans quelle ville* (Ecole de Venise).

D'abord élève de Jean Bellin et ensuite du Giorgion, il fit quelques tableaux à Venise. S'étant rendu à Rome, il suivit les conseils de Michel-Ange. Son tableau de la Transfiguration et les autres peintures qu'il fit à Rome, dans l'église de San Pietro in Montorio, lui ont mérité une grande réputation. Le surnom de Fra del Piombo *lui vient de la charge de scelleur qu'il exerçait à la chancellerie papale.*

618. La naissance de la Vierge.

Sur le premier plan, des femmes sont occupées à donner des soins à l'enfant qui vient de naître ; sur le second, sainte Anne dans son lit est entourée de femmes qui la servent. Le Père-Eternel dans sa gloire occupe la partie supérieure de la composition.

Dessin de forme cintrée, fait au crayon noir, estompé et rehaussé de blanc.

Haut. o m. 77 c. — Larg. o m. 50 c.

619. La Visitation de la Vierge.

Dessin aux crayons noir et blanc.

Haut. o m. 31 c. — Larg. o m. 23 c.

620. La Vierge, l'Enfant-Jésus, saint Joseph, sainte Anne et le jeune saint Jean.

Dessin aux crayons noir et blanc sur papier bleu.

Haut. o m. 21 c. — Larg. o m. 15 c.

621. La Vierge et l'Enfant-Jésus avec saint Etienne et sainte Lucie.

Dessin à la plume, lavé et rehaussé de blanc.

Haut. o m. 18 c. — Larg. o m. 26 c.

SEMOLEI, *voir* FRANCO.

SERMEI (CESARE), *d'Orviéto, mort au commencement de 1600, à l'âge de 84 ans.*

622. Sujet inconnu.

Les personnages placés dans le centre paraissent s'occuper d'un traité de paix ou d'alliance.

Dessin lavé et rehaussé de blanc.

Haut. o m. 25 c. — Larg. o m. 88 c.

SIRANI (ELISABETTA), *peintre, née en 1638, morte à l'âge de 26 ans (Ecole bolonaise).*

D'abord élève de son père, Gio. Andrea Sirani, elle étudia ensuite les ouvrages du Guide.

625. Saint Jean - Baptiste baise la main de l'Enfant-Jésus qui est dans les bras de sa mère.

Dessin de forme ovale, à la plume et lavé.
(Collection Mariette.)
Haut. o m. 17 c. — Larg. o m. 13 c.

SODOMA (Giannantonio Razzi, *dit* le), *peintre , né en 1479, mort en 1554* (Ecole de Sienne).

L'on n'a point toujours été d'accord sur la patrie de cet artiste ; aujourd'hui il paraît démontré qu'il était de Vercelli dans le Piémont, où il suivit d'abord l'école de Giovenone. Il étudia ensuite dans l'école mi-lanaise avant de s'établir à Sienne.

624. Tête de Vierge.

Dessin aux crayons noir et blanc.
Haut. o m. 31 c. — Larg. o m. 24 c.

625. Cosme de Médicis est nommé grand-duc de Toscane par le pape Pie V, en 1569.

Dessin à la plume et lavé.
Haut. o m. 24 c. — Larg. o m. 18 c.

SOLIMENE (Francesco), *peintre, né à Nocera de' Pagani en 1657, mort à Naples en 1747* (Ecole napoli-taine).

Il a été surnommé l'Abbate Ciccio, et fut élève

pendant quelque temps d'Angelo Solimene son père, et de Francesco di Maria. Il fréquenta l'académie du peintre del Po, et imita successivement la manière de Pietre de Cortone, du Calabrese, de Carlo Maratte et de Lanfranc.

626. Saint Benoît guérit des malades.

Première pensée d'un tableau exécuté pour l'abbaye du Mont-Cassin.

Dessin lavé sur crayon. (Collection Mariette.)

Haut. o m. 22 c. — *Larg.* o m. 48 c.

SPADA (LIONELLO), *peintre, né à Bologne en 1576, mort à Parme en 1622 (Ecole bolonaise).*

Sa vocation pour la peinture se développa lors= qu'il broyait des couleurs pour les Carrache. Après avoir étudié dans l'école de C. Bablioni, il se perfectionna dans celle des Carrache ; à Rome, il se lia d'amitié avec M. A. Caravage, l'accompagna à Malte, adopta sa manière, et revint se fixer à Parme.

627. La Présentation au temple.

Dessin de forme ovale allongée, à la plume, lavé et rehaussé de blanc.

Haut. o m. 20 c. — *Larg.* o m. 36 c.

628. Le grand-prêtre, après la circoncision, tient dans ses bras l'Enfant-Jésus pour le remettre à ses parens.

Dessin de forme ovale allongée, à la plume, lavé et rehaussé de blanc.

Haut. o m. 19 c. — *Larg.* o m. 37 c.

TEMPESTA ou **TEMPESTI** (ANTONIO), *peintre, des-sinateur et graveur, né en 1555, mort en 1630 (Ecole florentine).*

Il fut élève de Santi di Tito et de Strada, peignit l'histoire, le paysage et les animaux.

629. Une ville incendiée dont les habitans et les défenseurs prennent la fuite.

Dessin à la plume et lavé.
Haut. 0 m. 24 c. — Larg. 0 m. 22 c.

630. Une armée en déroute dans un défilé.

Dessin à la plume et lavé.
Haut. 0 m. 20 c. — Larg. 0 m. 29 c.

631. Chasse nocturne aux oiseaux.

Dessin à la plume et lavé.
Haut. 0 m. 22 c. — Larg. 0 m. 17 c.

632. Chasse nocturne aux oiseaux.

Dessin à la plume et lavé.
Haut. 0 m. 22 c. — Larg. 0 m. 17 c.

TESTA (PIETRO), *peintre et graveur, né en 1617, mort en 1650 (Ecole florentine).*

Après avoir quitté l'école de Pietre de Cortone, il étudia sous le Dominiquin, rechercha l'amitié du Poussin et fit avec lui des études d'après l'antique et d'après les sites des environs de Rome.

633. Saint Jérôme dans le désert.

Dessin à la plume, lavé et rehaussé de blanc.
Haut. 0 m. 28 c. — Larg. 0 m. 21 c.

654. Education d'Achille.

La composition offre deux actions différentes. Sur le premier plan, Chiron apprend à son élève à jouer de la lyre, et sur le second plan à lancer un javelot.

Ce dessin a été gravé à l'eau-forte par Gio. Cesare Testa.

Dessin lavé sur crayon. (Collection Mariette.)

Haut. o m. 27 c. — *Larg.* o m. 42 c.

655. Un paysage.

Dessin à la plume et lavé. (Collection Mariette.)

Haut. o m. 22 c. — *Larg.* o m. 27 c.

TIARINI (ALESSANDRO), *peintre, né à Bologne, en* 1577, *mort en* 1668.

Il apprit, à Bologne, le dessin sous Lavinia Fontana, la peinture sous Prospero Fontana et Bartolommeo Cesi; il suivit à Florence l'école du Passignano, et revint dans sa patrie, après une absence de sept années.

656. Quatre portraits d'hommes.

Études réunies sur le même carton et faites aux crayons noir et blanc. (Collections Crozat et Mariette.)

Haut. o m. 13 c. — *Larg.* o m. 10 c.

657. Tête de femme.

Dessin aux crayons noir et blanc.

Haut. o m. 41 c. — *Larg.* o m. 27 c.

TIBALDI ou aussi **PELLEGRINO DE TIBALDO, DES PELLEGRINI**, *dit* PELLEGRINO DE BOLOGNE, *né en* 1527, *mort en* 1591 (École de Bologne).

638. La Prudence et le Génie.

Dessin à la plume, lavé et rehaussé de blanc.

Haut. 0 m. 44 c. — Larg. 0 m. 24 c.

TINTORET (Jacopo Robusti, *dit* le), *peintre, né à Venise vers 1512, mort en 1594.*

D'abord élève du Titien, il étudia les ouvrages de Michel=Ange. Il a fait des travaux pour la bibliothèque de Saint-Marc.

639. Le mariage de la Vierge.

Composition d'après une tradition rejetée par l'Eglise. La Vierge avait été promise au descendant de la race de David, dont l'offrande déposée sur l'autel se couvrirait de fleurs. Celle de Joseph en produisit, et l'union du saint vieillard avec Marie est prononcée par le grand-prêtre, en présence des jeunes gens dont l'offrande a été abandonnée. L'un d'eux brise la sienne de dépit.

Dessin à la plume et lavé.

Haut. 0 m. 26 c. — Larg. 0 m. 18 c.

640. La femme pécheresse aux pieds de Jésus chez le Pharisien.

Dessin à la plume, lavé au bistre.
(Collection Mariette.)

Haut. 0 m. 17 c. — Larg. 0 m. 27 c.

641. La Vierge évanouie au pied de la croix dont on ne voit qu'un fragment.

Dessin à la plume et lavé.

Haut. 0 m. 17 c. — Larg. 0 m. 26 c.

642. Saint Roch au milieu des pestiférés.

Esquisse à l'huile.

Haut. 0 m. 43 c. — Larg. 0 m. 39 c.

643. Saint Marc délivre un esclave vénitien.

Grisaille à l'huile, d'après un tableau du Tintoret.

Haut. o m. 42 c. — Larg. o m. 56 c.

644. Composition mystique.

Grisaille à l'huile.

Haut. o m. 37 c. — Larg. o m. 26 c.

645. Martyre de sainte Justine.

Sainte Justine, prête à recevoir le coup mortel, détourne la tête et refuse de sacrifier à Diane : un ange lui apporte la palme et la couronne du martyre.

Dessin à la plume et lavé.

Haut. o m. 32 c. — Larg. o m. 21 c.

646. Allégorie.

La Justice unie à la Force fait naître l'Abondance, soumet les méchans, et chasse les ennemis intérieurs et extérieurs.

Dessin à la plume et lavé au bistre.

Haut. o m. 28 c. — Larg. o m. 22 c.

TISIO, *voir* GAROFOLO.

TITIEN (TIZIANO VECELLIO, *dit* le), *peintre, né à Cadore en 1477, mort de la peste en 1576 (École vénitienne).*

D'abord élève de Sébastien Zuccaro, peintre mosaïquiste, il travailla ensuite dans l'école de Jean Bellini, où il fut émule du Giorgion. Le Titien a fait un grand nombre d'ouvrages à Venise, où il fonda son école. Il était dans la soixante-dixième année de son âge lorsqu'il fut appelé à Augsbourg par l'empereur Charles-Quint. Il le suivit à Inspruck lors de la tenue du concile de Trente. Il a fait pour l'Espagne un grand nombre de tableaux qui sont célèbres.

647. Etude pour le tableau de saint Pierre, martyr.

Dessin à la plume.
(Collections Jabach, Crozat et Mariette.)
Haut. o m. 13 c. — *Larg.* o m. 13 c.

648. Autre étude pour le même tableau.

Dessin à la plume.
(Collections Jabach, Crozat et Mariette.)
Haut. o m. 17 c. — *Larg.* o m. 17 c.

649. Moissonneurs occupés à racommoder leurs faulx.

Étude à la plume. (Collection Mariette.)
Haut. o m. 28 c. — *Larg.* o m. 20 c.

650. Repas de villageois en voyage.

Dessin à la plume.
Haut. o m. 17 c. — *Larg.* o m. 26 c.

651. Paysage.

L'enlèvement d'Europe est représenté sur le premier plan.

Dessin à la plume. (Collection Crozat.)
Haut. o m. 40 c. — *Larg.* o m. 68 c.

652. Paysage.

Clytie, assise sur le premier plan, regarde attentivement le soleil.

Dessin à la plume.
Haut. o m. 39 c. — *Larg.* o m. 68 c.

653. Paysage.

Un vieillard, assis à gauche du spectateur, joue du violon.

Dessin à la plume.
Haut. o m. 35 c. — *Larg.* o m. 47 c.

7*

654. Tête de vieillard vue presque de face et appuyée sur la main droite.

Dessin aux crayons noir et blanc.
(Collection Mariette.)
Haut. o m. 37 c. — Larg. o m. 27 c.

655. Tête de vieillard vue de profil.

Dessin aux crayons noir et blanc.
Haut. o m. 32 c. — Larg. o m. 23 c.

TREVIGI (GIROLAMO DA), *peintre et ingénieur militaire, né en 1508, mort en 1544.*

Son nom de famille était Pennachi. Il étudia les ouvrages de Raphaël, en rechercha le style, devint ingénieur militaire de Henri VIII, roi d'Angleterre, et fut tué au siége de Boulogne-sur-Mer. Les peintures les mieux conservées de cet artiste se trouvent à Bologne en Italie, dans l'église de San Petronio.

656. Les fonts baptismaux.

Des enfans sont apportés aux fonts baptismaux, et celui à qui l'évêque confère le sacrement est présenté par son ange gardien.

Dessin à la plume, lavé et rehaussé de blanc.
Haut. o m. 30 c. — Larg. o m. 25 c.

TRIBOLO (NICOLO, *dit* IL), *sculpteur et architecte, mort en 1550 (Ecole florentine).*

Il a été élève de Jacopo Sansovino, s'est adonné à la sculpture et à l'architecture, et a travaillé à Bologne, à Lorette et à Florence.

657. Groupe de figures, les unes assises, les autres debout.

Ce dessin a été gravé par le comte de Caylus. M. R.

Dessin à la plume.

Haut. o m. 17 c. — *Larg.* o m. 15 c.

TURCHI, *voir* ALEXANDRE VÉRONÈSE.

VANNI (FRANCESCO), *peintre, architecte et graveur, né à Sienne en* 1565, *mort vers* 1610.

Elève à Sienne d'Arcangelo Salimbeni, à Bologne de B. Passarotti, à Rome de Gio. de' Vecchi, il s'attacha particulièrement à la manière de Baroche ; la plus grande partie de ses ouvrages a été exécutée à Rome, à Sienne et à Pise.

658. Rebecca et Eliézer.

Camaïeu à l'huile.

Haut. o m. 16 c. — *Larg.* o m. 19 c

659. La naissance de Jésus.

Grisaille à l'huile.

Haut. o m. 29 c. — *Larg.* o m. 21 c.

660. La Vierge et l'Enfant-Jésus.

Camaïeu à l'huile.

Haut. o m. 23 c. — *Larg..* o m. 15 c.

661. Jésus reçoit les hommages de saint Bernardin de Sienne.

Jésus, assis sur les genoux de sa mère, en présence

de saint François d'Assise, reçoit les hommages de saint Bernardin de Sienne.

Cette composition a été gravée par Corneille Galle, qui a fait quelques changemens, et supprimé le personnage qui est sous le rideau.

Dessin lavé au bistre sur crayon.
Haut. o m. 25 c. — Larg. o m. 16 c.

662. Le Père-Eternel, saint Jérôme, la Madeleine, sainte Catherine de Sienne et saint François d'Assise.

Dessin à la pierre noire et à la sanguine.
Haut. o m. 22 c. — Larg. o m. 16 c.

663. La Vierge, l'Enfant-Jésus et saint François d'Assise.

Dessin à la pierre noire.
Haut. o m. 27 c. — Larg. o m. 21 c.

664. Le Christ à la colonne.

La Vierge s'évanouit entre les bras des saintes femmes, à la vue de son fils dépouillé de vêtemens, attaché à la colonne et couronné d'épines.

Ce sujet a été gravé par Pierre de Jode, et on croit qu'il a été exécuté en peinture pour la cathédrale de Sienne.

Dessin à la sanguine.
(Collections Desneux, La Noue et Mariette.)
Haut. o m. 40 c. — Larg. o m. 28 c.

665. Apparition de Jésus à une religieuse et à un saint abbé.

Camaïeu à l'huile.
Haut. o m. 34 c. — Larg. o m. 21 c.

666. Apparition de la Vierge et de l'Enfant-Jésus à plusieurs saints.

La Vierge implorée par sainte Catherine de Sienne, saint François, saint Hubert, leur apparaît et offre l'Enfant-Jésus à leur adoration.

Dessin aux crayons noir et blanc sur papier bleu.
(Collection de J. Bernard.)
Haut. o m. 36 c. — *Larg.* o m. 24 c.

667. Saint Hyacinthe ressuscite le fils d'une veuve.

Par l'intercession de la Vierge, saint Hyacinthe, religieux dominicain, ressuscite le fils d'une veuve, qui s'était noyé dans la Vistule.

Vanni a traité plusieurs fois ce sujet.

Grisaille à l'huile. (Collection Mariette.)
Haut. o m. 41 c. — *Larg.* o m. 29 c.

668. Sainte Catherine de Sienne guérit une femme possédée.

Première pensée du tableau placé dans l'église des Dominicains de Sienne.

Dessin lavé sur crayon. (Collection Mariette)
Haut. o m. 35 c. — *Larg.* o m. 34 c.

VANNUCCI, *voir* PERUGIN.

VANNUCCHI, *voir* ANDREA DEL SARTO.

VAROTARI, *voir* PADOUAN.

VASARI (GIORGIO), *peintre et architecte, né à Arezzo en 1512, mort en 1574 (Ecole florentine).*

Il étudia d'abord sous Guillaume de Marseille,

peintre français sur verre, puis sous Michel=Ange Buo-
narotti, Andrea del Sarto , le Rosso, et devint peintre et
architecte. On lui doit plusieurs ouvrages de littérature,
dont le plus célèbre est la Vie des Artistes Italiens,
depuis la renaissance des arts jusqu'au temps où il
vivait.

669. Présentation de la Vierge au temple.

Dessin à la plume et lavé.
Haut. o *m.* 28 *c.* — *Larg.* o *m.* 20 *c.*

670. La conception de la Vierge.

Composition mystique.

Dessin à la plume.
Haut. o *m.* 52 *c.* — *Larg.* o *m.* 36 *c.*

671. La Vierge sur l'arbre de la vie, écrasant
la tête du serpent.

A ses pieds, saint François d'Assise et sainte Claire
à genoux.

Portion de dessin à la plume, lavé et rehaussé de
blanc.
Haut. o *m.* 25 *c.* — *Larg.* o *m.* 17 *c.*

672. La Vierge, Jésus, sainte Marthe, saint
Jérôme , etc.

Dessin à la plume et lavé.
Haut. o *m.* 54 *c.* — *Larg.* o *m.* 35 *c.*

673. Couronnement de la Vierge.

La Vierge est couronnée dans le Ciel par le Père et
en présence du Saint-Esprit et de la hiérarchie.

Dessin à la plume pour la décoration d'un autel.
Haut. o *m.* 37 *c.* — *Larg.* o *m.* 28 *c.*

674. Saint Grégoire, pape, à table avec les douze apôtres.

Dessin à là plume et lavé.

Haut. o m. 27 c. — Larg. o m. 15 c.

675. Retour de Grégoire XI à Rome.

Dessin à la plume et lavé.

Haut. o m. 32 c. — Larg. o m. 47 c.

676. Léon X, après avoir excommunié et privé de ses états le duc d'Urbin, en donne l'investiture à Laurent de Médicis, son neveu.

Il avait voulu faire signer à tous les cardinaux l'acte de cession; le seul Dominique Grimani, évêque d'Urbin, refusa d'y souscrire.

Dessin de forme octogone à la plume, lavé et rehaussé de blanc.

Haut. o m. 28 c. — Larg. o m. 27 c.

677. Léon X confère à son frère Julien de Médicis, surnommé le Magnifique, les droits de citoyen romain et le commandement des troupes pontificales.

Dessin de forme octogone à la plume, lavé et rehaussé de blanc.

Haut. o m. 28 c. — Larg. o m. 28 c.

Ces deux compositions ont été exécutées dans le palais ducal à Florence, et décrites dans les *Ragionamenti* de Vasari.

678. Décoration d'un autel dont le tableau représente la résurrection de Lazare.

Dessin à la plume et lavé.

Haut. o m. 35 c. — Larg. o m. 20 c.

679. Projet d'autel décoré d'un ordre dorique, qui soutient un arc.

Dessin à la plume et lavé.
Haut. o m. 74 c. — Larg. o m. 46 c.

680. Décoration d'une chapelle ornée de colonnes d'ordre corinthien.

Dessin à la plume et lavé.
Haut. o m. 62 c. — Larg. o m. 40 c.

681. Les Corybantes.

Les Corybantes font retentir l'air du son de leurs instrumens, en accompagnant Cybèle assise sur un char traîné par des lions.

Ce sujet a été exécuté dans une salle du palais Ducal à Florence, gravé dans l'Etruria pittrice, et amplement décrit dans les *Ragionamenti* de Vasari; Richardson, à qui le dessin a appartenu, l'attribuait à Perino del Vaga.

Dessin de forme ovale à la plume et lavé.
Haut. o m. 28 c. — Larg. o m. 21 c.

682. Plafond de la salle dite de Cosme de Médicis, qui est exécuté dans le palais Ducal à Florence.

Il est divisé en treize cadres, dont les intervalles sont ornés d'arabesques; et le peintre a représenté dans celui du milieu Cosme revenant d'exil, et M. Rinaldo degli Albizzi, quoique son ennemi déclaré, allant à sa rencontre.

Dessin à la plume et lavé.
Haut. o m. 32 c. — Larg. o m. 44 c.

683. Plafond de la salle dite de Cosme Ier, peint dans le même palais.

Il est divisé en autant de parties que le précédent.

Dans le milieu le peintre a représenté les bannis florentins amenés devant Cosme Ier, après la déroute de Montemurlo.

On trouve dans les *Ragionamenti* de Vasari la description détaillée des sujets de ces deux plafonds.

Dessin à la plume et lavé.

Haut. o m. 35 c. — Larg. o m. 42 c.

VECCHI (Giovanni de'), *peintre, né à Borgo San Sepolcro en 1536, mort en 1614.*

Il a été chargé de travaux considérables; ses meilleurs ouvrages sont à Caprarola, où il a travaillé avec Taddeo Zuccaro, et à Rome dans plusieurs églises.

684. Jésus-Christ battu de verges.

Dessin à la plume, lavé et rehaussé de blanc, sur papier bleu.

Haut. o m. 37 c. — Larg. o m. 24 c.

VECELLIO, *voir* Titien.

VELAZQUEZ DE SILVA (Don Diego), *peintre, né à Séville en 1599, mort à Madrid en 1660 (École espagnole).*

Il était d'origine portugaise. Après avoir terminé ses études littéraires et philosophiques, il se livra entièrement à la peinture. Il fut élève de Francesco Herrera et de Francisco Pacheco; il imita aussi quelques ouvrages de Luis Tristan. Il se rendit à Madrid en 1622, où il se perfectionna en copiant les ouvrages des grands maîtres placés dans les collections royales de Madrid, du Pardo et de l'Escurial. Il fut nommé peintre du Roi sous le règne de Philippe IV, et ensuite huissier de la chambre et fourrier du palais. Vélasquez fit un voyage en Italie dans l'année 1629, et se livra alors à de nouvelles études. Il entreprit un second voyage en 1648, et fut chargé par le roi d'Espagne d'acquérir plusieurs tableaux des plus grands maîtres. En 1650, le Roi lui accorda des lettres de noblesse. Ce fut lui qui, en vertu de la charge qu'il remplissait auprès du Roi, ordonna le cérémonial des fêtes données à l'occasion de l'entrevue du roi d'Espagne et de Louis XIV, dans l'île des Faisans.

635. La mort de saint Joseph.

Il est assisté par la Vierge et le Sauveur.

Dessin de forme cintrée, à la plume et lavé. (Collection Mariette.)

Haut. o m. 12 c. — *Larg.* o m. 20 c.

686. Portrait d'un cardinal.

La figure est dessinée au crayon noir, le fond à la plume et lavé.

Haut. o m. 35 c. — *Larg.* o m. 24 c.

VERONESE, *voir* PAUL et ALEXANDRE.

VICENTINO (ANDREA), *peintre, né à Vicence en 1539, mort en 1614 (École vénitienne).*

On le croit élève de Palme le jeune; son nom était Andrea Michieli, et ses nombreux ouvrages sont répandus dans le palais Ducal, les églises de Venise, etc.

687. Trois personnages présentent à un Doge un acte de soumission.

Dessin à la plume et lavé.

Haut. o m. 23 c. — *Larg.* o m. 32 c.

VINCENZIO DA SAN GIMIGNANO, *peintre, mort après l'année 1527 (École romaine).*

Cet artiste est né dans l'état florentin; il exécuta ses meilleurs ouvrages sous la conduite et dans l'école de Raphaël. Obligé de quitter Rome après le sac de cette ville par l'armée du connétable de Bourbon, il retourna dans sa patrie. Peu d'ouvrages de ce maître sont parvenus jusqu'à nous.

688. Célébration de la messe.

Dessin à la plume.
(Collection Vasari et Mariette.)
Haut. o m. 3o c. — Larg. o m. 22 c.

VINCI, *voir* LÉONARD.

ZAMPIERI, *voir* DOMINIQUIN.

ZOCCHI (GIUSEPPE), *peintre et graveur, né en* 1711, *mort en* 1767 (École florentine).

Il se forma sur l'étude de la nature et des ouvrages des grands maîtres à Florence, à Rome, à Bologne et dans la Lombardie.

689. Paysage.

Il est orné de ruines sur le premier plan.

Dessin à la plume et lavé (Collection Mariette.)
Haut. o m. 32 c. — Larg. o m. 44 c.

690. Paysage.

Il est coupé par une rivière sur laquelle se trouve un pont. Sur le premier plan, on remarque un arc dont la forme rappelle celui de Titus à Rome.

Dessin à la plume et lavé. (Collection Mariette.)
Haut. o m. 32 c. — Larg. o m. 44 c.

ZOPINO (FRANCESCO MARIA DA MODANA, *dit* LE).

On n'a aucune notice certaine sur la vie de cet artiste.

691. Ornemens d'une frise.

Dans le milieu le peintre a représenté un combat de Tritons.

Dessin sur papier bleu, à la plume, lavé et rehaussé de blanc. (Collection Vasari.)
Haut. o m. 31 c. — Larg. o m. 31 c.

ZUCCARO (Federigo), *peintre, né vers l'an 1543, mort en 1609 (École romaine).*

Il termina les peintures laissées imparfaites par son frère Taddeo ; la décoration de la coupole de la cathédrale de Florence commencée par Vasari, et celle de la voûte de la chapelle Pauline au Vatican, abandonnée par Michel=Ange.

692. Salomon, entouré de ses ministres, signe un édit.

Dessin à la plume et lavé.

Haut. o m. 45 c. — *Larg.* o m. 37 c.

693. L'Annonciation.

Dessin à la plume et lavé.

Haut. o m. 45 c. — *Larg.* o m. 66 c.

694. Composition mystique pour désigner la conception de la Vierge.

La Vierge, adorée par les anges, écrase la tête du serpent : elle est debout sur l'arbre de vie au pied duquel reposent Adam et Ève. Noé, Moïse, David et Salomon assistent à l'accomplissement d'un mystère, dont leurs actions ont préparé la voie.

Dessin à la plume et lavé.

Haut. o m. 40 c. — *Larg.* o m. 30 c.

695. Adoration des mages.

Dessin en hauteur, à la plume, lavé et rehaussé de blanc.

Haut. o m. 67 c. — *Larg.* o m. 40 c.

696. Un évangéliste.

Peinture à l'huile.

Haut. o m. 68 c. — *Larg.* o m. 34 c.

697. Un évangéliste.

Peinture à l'huile.

Haut. o m. 68 c. — *Larg.* 1 m. 84 c.

ZUCCARO (Taddeo), *peintre, né en 1509, mort en 1566* (École romaine).

Il était fils d'un peintre praticien, étudia sous Gia-comone da Faenza, et copia indifféremment les ouvrages de tous les maîtres. Réuni à Federigo son frère, moins âgé que lui d'environ quatorze ans, ils exécutèrent, dans toutes les villes où ils passèrent, un grand nombre de peintures.

698. L'adoration des bergers.

Ce sujet a été gravé par Corneille Cort.

Dessin à la plume et lavé. (Collection Mariette.)

Haut. 0 m. 41 c. -- Larg. 0 m. 28.

699. L'adoration des mages.

Dessin à la plume, lavé et rehaussé de blanc.

Haut. 0 m. 66 c. — Larg. 0 m. 40 c.

700. Jésus prêche dans le temple et convertit Marie-Madeleine.

Dessin à la plume et lavé au bistre.

Haut. 0 m. 24 c. -- Larg. 0 m. 35 c.

701. Les apôtres témoignent leur étonnement de ne point trouver la Vierge dans le tombeau.

Fragment de composition dessiné à la plume, lavé et rehaussé de blanc.

Haut. 0 m. 53 c. -- Larg. 0 m. 30 c.

702. Jésus bénit saint Grégoire, pape.

Les portes du Paradis sont ouvertes par saint Pierre

Jésus paraît dans sa gloire et bénit le pape saint Grégoire.

Dessin à la plume et lavé.
Haut 0 m. 25 c. — Larg. 0 m. 16 c.

703. Mariage d'Octave Farnèse, duc de Camerino, avec Marguerite, fille de l'empereur Charles V, en 1438.

Le pape Paul III leur donne la bénédiction nuptiale.

Première pensée d'un tableau peint à Caprarole.

Dessin à la plume et lavé.
Haut. 0 m. 25 c. — Larg. 0 m.

ZUCCHERRELLI (FRANCESCO), *peintre et graveur, né en 1702 à Pitigliano, dans le Florentin, mort à Florence en 1788.*

Il peignit la figure et le paysage, étudia à Florence sous Paolo Anesi; à Rome, sous Morandi et Pietro Nelli; fit à Venise un grand nombre de tableaux; demeura long=temps en Angleterre et revint à Florence dans un âge avancé.

704. Paysage orné de figures.

On voit une chute d'eau près du premier plan.

Dessin à la plume, lavé et rehaussé de blanc.
Haut. 0 m. 36 c. — Larg. 0 m. 51 c.

ÉCOLES ALLEMANDE,

FLAMANDE ET HOLLANDAISE.

ALDEGRAEF ou **ALDEGREVER**, *peintre et graveur.*

Le lieu et la date de sa naissance et de sa mort ne sont point connus. On présume qu'il est né près Munster, à Soust, les églises de ce lieu étant ornées de ses tableaux. Il gravait vers 1538.

705. Sur le même carton quatre sujets semblables.

Un cavalier accompagnant une dame.

Dessiné à la plume et lavé.
Haut. o m. 13 c. — Larg. o m. 29 c.

BACKER.

706. Femme debout.

Dessin aux crayons noir et blanc.
Haut. o m. 40 c. — Larg. o m. 23 c.

BACKHUYSEN (Louis), *peintre, né à Embden en 1631, mort à Amsterdam en 1709 (Ecole hollandaise.) Elève d'Albert van Everdingen. Il a gravé dans sa vieillesse quelques marines.*

707. Marine couverte de bâtimens de formes différentes.

L'esquisse peinte. (Collection Mariette.)

Haut. 0 m. 24 c. — Larg. 0 m. 35 c.

BALEN ou **BAELEN** (*Jean van*), *peintre, né à Anvers en 1611. L'époque de sa mort n'est pas connue.* (Ecole flamande).

Elève de Henri Van Balen, son père.

708. Jésus succombe sous le poids de la croix.

Camaïeu à la gouache.

Haut. 0 m. 12 c. — Larg. 0 m. 22 c.

BAUR ou **BAUER** (*Jean Guillaume*), *peintre à la gouache et graveur à l'eau-forte, né à Strasbourg en 1600, mort à Vienne en 1640 (Ecole allemande).*

Elève de Frédéric Brentel ou Brendel, il visita l'Italie, séjourna à Rome et à Venise. Il fut, à son retour en Allemagne, nommé peintre de l'empereur Ferdinand III.

709. La fuite en Égypte.

Effet de nuit.

Peinture à la gouache.

Haut. 0 m. 08 c. — Larg. 0 m. 13 c.

710. Martyre de sainte Agnès au milieu d'une place publique.

Peinture à la gouache.

Haut. 0 m. 10 c. — Larg. 0 m. 12 c.

711. Martyre de sainte Catherine d'Alexandrie.

La scène se passe au milieu d'une place environnée de palais.

Peinture à la gouache.

Haut. o m. 10 c. — Larg. o m. 10 c.

712. Vue de la basilique et du palais de St-Jean de Latran, à Rome.

Sur le premier plan, le peintre a représenté le cortége d'un Pape allant prendre possession du Saint-Siége.

Peinture à la gouache.

Haut. o m. 09 c. — Larg. o m. 59 c.

713. Marche du grand seigneur accompagné de janissaires et de spahis.

Peinture à la gouache.

Haut. o m. 09 c. — Larg. o m. 59 c.

714. Vue du Vésuve et de la mer qui baigne le port de Naples.

Peinture à la gouache.

Haut. o m. 15 c. — Larg. o m. 22 c.

715. Vue de Naples.

Peinture à la gouache.

Haut. o m. 12 c. — Larg. o m. 17 c.

716. Marine.

Peinture à la gouache.

Haut. o m. 06 c. — Larg. o m. 13 c.

717. Marine.

Peinture à la gouache.

Haut. o m. o6 c. — *Larg.* o m. 13 c.

718. Marine.

Peinture à la gouache.

Haut. o m. o6 c. — *Larg.* o m. 13 c.

BÉGA CORNILLE, *peintre, né à Harlem, mort dans la même ville en* 1664.

Fils du sculpteur Pierre Begyn; il entra fort jeune dans l'atelier d'Adrien Ostade, dont il devint un des meilleurs élèves, et changea son nom contre celui de Béga Cornille, sous lequel il est resté connu.

719. Femme debout tenant un flacon.

Dessin à la sanguine.

Haut. o m. 26 c. — *Larg.* o m. 15 c.

BLOEMAERT (ABRAHAM), *peintre et graveur à l'eau-forte et en clair-obscur, né à Gorcum en* 1564 *ou* 1567, *mort à Utrecht en* 1647 (*École hollandaise*).

Il fréquenta les écoles de Franc Flore, de Jérôme Franck, etc. Il peignit l'histoire, le paysage, les animaux, les coquillages, etc. Son œuvre en gravure est considérable.

720. Triomphe d'Amphitrite.

Dessin à la plume et lavé. (Collection Mariette.)

Haut. o m. 13 c. — *Larg.* o m. 21 c.

721. Même sujet traité différemment.

Dessin à la plume et lavé. (Collection Mariette.)

Haut. o m. 14 c. — *Larg.* o m. 20 c.

BOEL (Pierre), *né à Anvers en 1625. On ignore l'époque de sa mort.*

On croit que Snayers fut son maître.

722. Des chiens.

Étude peinte à l'huile.

Haut. o m. 23 c. — Larg. o m. 34 c.

723. Sujet pastoral.

Esquisse à l'huile.

724. Animaux.

Dessin au crayon noir.

BOL (Ferdinand), *né à Dordrecht vers 1620, mort en 1681.*

Il fut élève de Rembrandt.

725. Prédication de Jésus dans le désert.

Peinture composée d'un grand nombre de figures, et rehaussée d'or.

Haut. o m. 23 c. — Larg. o m. 32 c.

BRAMER (Léonard), *peintre, né à Delft en 1596 (Ecole hollandaise).*

Après avoir étudié en France et en Italie, il revint se fixer à Delft.

726. Le reniement de saint Pierre.

Dessin lavé et rehaussé de blanc. (Collection Mariette.)

Haut. o m. 38 c. — Larg. o m. 29 c.

727. Jésus succombe sous le poids de la croix.

Dessin lavé et rehaussé de blanc. (Collection Mariette.)

Haut. o m. 37 c. — Larg. o m. 30 c.

BRAUWER (ADRIEN), *peintre, né à Harlem en 1608, mort à Anvers vers 1640.*
Il a été élève de François Hals.

728. Un intérieur.

> Dessin à la plume, lavé et rehaussé de blanc.
> Haut. 0 m. 47 c. — Larg. 0 m. 62 c.

BREEMBERG (BARTHOLOMÉ), *peintre et graveur à l'eau-forte, né à Utrecht vers 1620, mort en 1660* (Ecole hollandaise).

Le nom de ses maîtres est inconnu. Il vint fort jeune en Italie, et fit ses études dans les environs de Rome.

729. Paysage couvert de rochers.

> Dessin lavé sur crayon.
> Haut. 0 m. 29 c. — Larg. 0 m. 47 c.

750. Masure élevée sur des ruines.

> Dessin lavé sur crayon.
> Haut. 0 m. 22 c. — Larg. 0 m. 31 c.

BREUGHEL (JEAN), *dit* DE **VELOURS**, *peintre et graveur à l'eau-forte* (Ecole flamande).

Les biographes ne sont point d'accord sur les dates de la naissance et de la mort de cet artiste. Selon Descamps, il naquit à Bruxelles vers 1589, et d'après Félibien, il mourut à Anvers en 1642.

Élève de Goe-Kindt, il quitta bientôt son maître pour se rendre à Cologne et de là en Italie, et il y fit *quelques tableaux. Il revint ensuite à Bruxelles, où il exécuta la plus grande partie de ses ouvrages.*

731. Paysage.

Il représente un chemin couvert d'animaux et de voyageurs.

Dessin à la plume et lavé. (Collection Mariette.)
Haut. o m. 20 c. — Larg. o m. 18 c.

732. Vue d'un pont de bois sur une rivière.

Dessin à l'aquarelle.
Haut. o m. 16 c. — Larg. o m. 10 c.

BRIL (PAUL), *peintre et graveur à l'eau-forte, né à Anvers en 1556, mort à Rome en 1626 (École flamande).*

Élève de Daniel Woltermans, les succès de Mathieu Bril, son frère, l'attirèrent à Rome. Celui=ci étant mort jeune, Paul termina les travaux de son frère, et en obtint de nouveaux. Ses gravures à l'eau=forte . sont recherchées.

733. Paysage.

On y remarque les pélerins d'Emmaüs à table.

Dessin à la plume et lavé.
Haut. o m. 19 c. — Larg. o m. 28 c.

734. Paysage.

Dessin à la plume et lavé.
Haut. o m. 16 c. — Larg. o m. 11 c.

735. Paysage.

Dessin de forme ovale, à la plume et lavé.
Haut. o m. 19 c. — Larg. o m. 11 c.

756. Paysage.

Il est enrichi par une fabrique dont l'aspect a quelque ressemblance avec l'église de Sainte-Constance, située près de Rome.

Dessin à la plume, lavé et rehaussé de blanc.

Haut. o m. 36 c. — Larg. o m. 35 c.

757. Paysage.

On y voit des chasseurs.

Dessin à la plume et lavé.

Haut. o m. 21 c. — Larg. o m. 27 c.

758. Etude d'arbres et de rochers.

Dessin à la plume.

Haut. o m. 17 c. — Larg. o m. 23 c.

759. Vaisseaux battus par la tempête.

Dessin à la plume, lavé et rehaussé de blanc.

Haut. o m. 36 c. — Larg. o m. 36 c.

CANDIDE (PIERRE de WITTE, *dit*), *peintre, né à Bruges en 1548 (École flamande).*

Il étudia en Italie, et vint ensuite à Munich, où il séjourna long=temps.

740. L'adoration des mages.

Sur le premier plan, un esclave étale les présens faits par son maître.

Dessin sur papier bleu, fait à la plume, lavé et rehaussé de blanc.

Haut. o m. 34 c. — Larg. o m. 23 c.

741. Jésus ordonnant à ses disciples de laisser approcher les enfans.

Dessin à la plume et lavé.

Haut. o m. 10 c. — Larg. o m. 15 c.

CHAMPAIGNE (PHILIPPE de), *peintre, né à Bruxelles en 1602, mort à Paris en 1674.*

Élève de Fouquières, il a reçu les conseils de Poussin avec lequel il demeura quelque temps, et a peint le portrait, l'histoire et le paysage.

742. Portrait de Nicolas de Plate-Montagne, peintre d'histoire, mort en 1706, à l'âge de 75 ans.

Dessin aux crayons rouge et noir et au pastel, fait en 1658.

Haut. 0 m. 29 c. — *Larg.* 0 m. 21 c.

743. Portrait de Jean-Baptiste de Champaigne, peintre d'histoire, neveu de Philippe, et mort en 1681 à l'âge de cinquante ans.

Dessin aux crayons rouge et noir et au pastel.

Haut. 0 m. 28 c. — *Larg.* 0 m. 20 c.

744. Portrait d'un jeune homme.

Dessin à la pierre noire et au pastel.

Haut. 0 m. 23 c. — *Larg.* 0 m. 16 c.

CLAISSENS (ANTOINE), *peintre, vivait en 1496* (Ecole flamande).

745. Sujet inconnu.

Un souverain, vêtu à la manière des Orientaux, paraît s'occuper d'une question importante. Il est environné de plusieurs personnages attentifs à regarder vers le ciel un objet dont le spectateur ne peut découvrir les traces.

Peinture à la gouache.

Haut. 0 m. 26 c. — *Larg.* 0 m. 18 c.

CLERK ou **KLERCK** (Henri de), *peintre, né à Bruxelles, vivait en 1570 (École flamande).*

Il fut élève de Martin de Vos. On trouve quelques=uns de ses ouvrages dans les églises de Bruxelles.

746. Jésus multiplie cinq pains et deux poissons.

« Un enfant apporte à Jésus les cinq pains et les deux » poissons qui suffirent pour rassasier cinq mille per= » sonnes venues des villes voisines dans le désert, et les » disciples remportèrent douze paniers pleins de mor= » ceaux qui étaient restés des pains et des poissons » (Saint Marc).

Dessin à la plume et lavé au bistre.

Haut. o m. 34 c. — Larg. o m. 27 c.

CULMBACK (Hans von).

747. Un guerrier à genoux.

Dessin à la plume et lavé.

Haut. o m. 27 c. — Larg. o m. 20 c.

DIEPENBEKE (Abraham van), *peintre, né à Bois-le-Duc vers 1607, mort à Anvers en 1675 (École fla=mande).*

Elève de Rubens; il a fait quelques ouvrages de pein-ture sur verre. En 1641, il était directeur de l'académie d'Anvers.

748. Saint-Dominique reçoit le rosaire des mains de la Vierge.

Douze sujets tirés du Nouveau Testament entourent cette composition.

Dessin à la plume et lavé au bistre.

Haut. o m. 20 c. — Larg. o m. 16 c.

749. Diane découvre la grossesse de la nymphe Calisto.

Dessin lavé sur crayon.
Haut. o m. 11 c. — Larg. o m. 17 c.

DIETRICK ou **DIETRICI** (CHRÉTIEN-GUILLAUME-ERNEST), *peintre et graveur à l'eau-forte, né à Weimar en 1712, mort à Dresde en 1774 (École allemande).*

Elève de son père et d'Alexandre Thiele, paysagiste, il voyagea en Italie, et fit souvent des pastiches en peinture et en gravure.

750. L'adoration des mages.

Dessin lavé et rehaussé de blanc.
Haut. o m. 16 c. — Larg. o m. 23 c.

751. L'adoration des rois.

Dessin à la plume et lavé au bistre.
Haut. o m. 17 c. — Larg. o m. 23 c.

752. La fuite en Égypte.
Effet de nuit.

Dessin à la plume et lavé au bistre.
Haut. o m. 24 c. — Larg. o m. 19 c.

753. La Samaritaine.

Dessin à la plume et lavé.
Haut. o m. 20 c. — Larg. o m. 27 c.

754. L'enfant prodigue aux pieds de son père.

Dessin à la plume et lavé. (Collection Mariette.)
Haut o m. 21 c. — Larg. o m. 17 c.

8*

755. Sujet inconnu.

Dessin à la mine de plomb.
Haut. o m. 24 c. — Larg. o m. 31 c.

756. Paysage.

Dessin ou crayon noir. (Collection Mariette.)
Haut. o m. 24 c. — Larg. o m. 30 c.

757. Une caricature.

Dessin lavé sur crayon.
Haut. o m 30 c. — Larg. o m. 20 c.

DOES (JACQUES VAN DER), *peintre et graveur à l'eau-forte, né à Amsterdam en 1623, mort en 1673 (École hollandaise).*

Elève de Nicolas Moyaert; il étudia en Italie les sites des environs de Rome, et revint ensuite se fixer à La Haye. Il a peint le paysage et les animaux, et a imité quelquefois la manière du Bamboche.

758. Berger conduisant un troupeau de moutons, à la suite duquel on voit un âne chargé de paniers.

Dessin à la sanguine et à l'aquarelle, fait en 1670.
(Collection Mariette.)
Haut. o m. 19 c. — Larg. o m. 18 c.

759. Berger conduisant au pâturage son troupeau.

Dessin à la plume, lavé à l'encre de la Chine.
(Collection Mariette)
Haut. o m. 23 c. — Larg. o m. 29 c.

760. Paysage.

Sur le second plan, des bestiaux sont à l'abreuvoir.
Dessin à l'encre de la Chine. (Collection Lempereur.)
Haut. o m. 15 c. — Larg. o m. 15 c.

DURER (ALBERT), *peintre et graveur sur cuivre et sur bois, né à Nuremberg en 1471, mort dans cette ville en 1528 (École allemande).*

Il fut élève de Hupse Martin et de Michel Wolgemuth. Le nom d'Albert Durer est célèbre ; peintre, sculpteur, architecte et graveur, il donna une nouvelle direction à l'étude des arts. Sous le règne de Maximilien, il fut appelé à Vienne : nommé peintre de la cour il fit plusieurs ouvrages pour l'Empereur. Un de ses tableaux, celui qui représente le martyre de plusieurs saints, porte la date de 1508 (*) L'empereur Charles-Quint le distinguait et le roi de Bohéme Ferdinand l'admettait dans son intimité. Albert Durer était lié avec la plupart des hommes célèbres de son temps, Érasme, Mélanchton, Raphaël, Lucas de Leyde, etc. Il fut nommé membre du conseil de Nuremberg en reconnaissance des précieux ouvrages dont il avait enrichi sa ville natale.

761. La Vierge donne le sein à l'Enfant-Jésus.

Dessin à la plume.

Haut. o m. 22 c. — Larg. o m. 18 c.

762. La Sainte-Famille.

Dessin à la plume.

Haut. o m. 28 c. — Larg. o m. 21 c.

763. Jésus conduit devant Pilate.

Dessin à la plume.

Haut. o m. 32 c. — Larg. o m. 22 c.

(*) Albert Durer s'y est lui-même représenté tenant un petit drapeau sur lequel son nom est écrit.

764. La passion de Jésus-Christ.

Composition d'un grand nombre de figures.

Dessin à la plume et rehaussé de blanc, sur papier colorié.
Haut. 0 m. 17 c. — *Larg.* 0 m. 40 c.

765. La résurrection de Jésus-Christ.

Dessin à la plume, lavé et rehaussé de blanc, sur papier colorié.
Haut. 0 m. 30 c. — *Larg.* 0 m. 17 c.

766. La résurrection de Jésus-Christ.

Dessin cintré par le haut, à la plume, lavé et rehaussé de blanc.
Haut. 0 m. 32 c. — *Larg.* 0 m. 16 c.

767. Tête d'ange.

Dessin au crayon noir rehaussé de blanc.
Haut. 0 m. 11 c. — *Larg.* 0 m. 09 c.

768. Portrait d'un moine vu de profil.

Dessin à la plume.
Haut. 0 m. 15 c. — *Larg.* 0 m. 11 c.

769. Tête de femme.

Dessinée au pinceau.
Haut. 0 m. 13 c. — *Larg.* 0 m. 11 c.

770. Tête de femme âgée.

Dessin au crayon noir.
Haut. 0 m. 20 c. — *Larg.* 0 m. 15 c.

771. Buste de femme.

Dessin a la plume.
Haut. 0 m. 11 c. — *Larg.* 0 m. 09 c.

772. Quatre têtes d'enfant.

> Dessins à la plume et rehaussés de blanc.

773. Deux têtes d'enfant.

> Dessins à la plume et rehaussés de blanc.

DUSART (CORNEILLE), *peintre, graveur en manière noire et à l'eau-forte, né à Harlem en 1665, mort en 1704 (Ecole hollandaise).*

Elève d'Adrien Van Ostade, il en a suivi la manière.

774. Buste de vieillard vu de face, ayant la tête couverte d'un bonnet.

> Dessin à l'aquarelle.
> *Haut.* 0 m. 14 c. — *Larg.* 0 m. 12 c.

775. Femme ayant une pipe à la bouche.

> Dessin colorié.
> 0 m. 09 c. *de diamètre.*

DYCK (ANTOINE VAN), *peintre et graveur à l'eau-forte, né à Anvers vers 1599, mort à Londres en 1641 (Ecole flamande).*

Elève de son père, peintre sur verre, d'Henri Van Balen et plus encore de Rubens, il voyagea quelque temps en Italie ; et à son retour en Hollande, il fut appelé par Charles Ier en Angleterre, où il se fixa.

776. Scipion rend au prince Celtibérien, et sa

fiancée et les présens apportés pour sa rançon.

> Dessin à la plume et lavé. (Collection Mariette.)
> *Haut.* o m. 31 c. — *Larg.* o m. 45 c.

777. La Force soumise à la Beauté.

> [Dessin à la plume et lavé au bistre.
> *Haut.* o m. 22 c. — *Larg.* o m. 31 c.

778. Portrait de Diodore Tulden, jurisconsulte et professeur en droit dans l'université de Louvain, né à Bois-le-Duc en 1578, mort en 1645.

Ce portrait a été gravé par Pierre de Jode.

> Dessin au crayon noir et lavé au bistre.
> *Haut.* o m. 26 c. — *Larg.* o m. 18 c.

779. Portrait de Vander Voerst (Robert).

> Dessin au lavis sur crayon noir.
> *Haut.* o m. 22 c. — *Larg.* o m. 17 c.

780. Un enfant.

> Dessin à la sanguine.
> *Haut.* o m. 14 c. — *Larg.* o m. 90 c.

ELSHEIMER (ADAM), *peintre et graveur, né à Francfort-sur-le-Mein, en 1574, mort à Rome en 1620 (Ecole allemande).*

Élève de Philippe Offenbach, il se rendit en Italie, s'établit à Rome, et ne fit qu'un petit nombre de tableaux.

781. Paysage.

Effet de clair de lune. On y voit un feu allumé.

Camaïeu à la gouache.

Haut. o m. 09 c. — Larg. o m. 16 c.

FLAMEN (ALBERT), *attribué à*

782. Marine.

Dessin à la plume.

Haut. o m. 14 c. — Larg. o m. 21 c.

FOUQUIERES (JACQUES), *peintre, né à Anvers en 1580, mort à Paris en 1659 (Ecole flamande).*

Elève de J. Monper, de Breughel, de Velours et de Rubens. Il séjourna en Italie et vint ensuite s'établir en France.

783. Paysage.

Il représente une route pratiquée dans une montagne.

Peinture à la gouache. (Collection Mariette.)
Haut. o m. 20 c. — Larg. o m. 31 c.

GOLTZIUS.

784. Un tigre.

Dessin à la plume.

Haut. o m. 16 c. — Larg. o m. 27 c.

GOYEN (JEAN VAN), *né à Leyde en 1596, mort à La Haye en 1656.*

Après avoir suivi les leçons de Guillaume Gerrits, il parcourut les principales villes de France. De retour en

Hollande, il fut placé par son père chez Isaac Vanden Welde, à Harlem, retourna ensuite dans sa ville natale, où il séjourna jusqu'en 1631, et c'est à cette époque qu'il quitta Leyde pour aller se fixer à La Haye.

785. Paysage sur le bord de la mer.

Dessin lavé sur crayon.

Haut. o m. 11 c. — *Larg.* o m. 20 c.

786. Paysage.

Dessin à la plume et lavé.

Haut. o m. 11 c. — *Larg.* o m. 19 c.

HAGEN (JEAN VAN), *Les époques de sa naissance et de sa mort sont inconnues.*

On assure qu'il était Hollandais et que la plus grande partie de ses dessins ont été faits dans les campagnes situées entre Clèves et Nimègue, depuis 1650 jusqu'en 1662.

787. Paysage.

Vers le second plan, on voit un hameau sur le bord du chemin.

Dessin au crayon noir et lavé à l'encre de la Chine.

Haut. o m. 30 c. — *Larg.* o m. 40 c.

HOLBEIN jeune (JEAN), *peintre et graveur sur bois, né vers 1495 ou 1498, mort de la peste à Londres, en 1554.*

Élève de son père, Jean Holbein le Vieux. Il a peint en Suisse et en Angleterre des portraits et des sujets historiques.

788, Tête d'homme.

Dessin au crayon noir.
(Collections Jean Barnard et Richardson.)
Haut. o m. 15 c. — Larg. o m. 13 c.

HONTHORST (Gérard), *peintre et graveur à l'eau-forte, né à Utrecht en 1592, vivait en 1662 (Ecole hollandaise).*

Elève d'Abraham Bloemaert. Il séjourna à Rome où il était connu sous le nom de Gherardo della Notte, parce qu'il peignait de préférence les effets de nuit. A son retour à Utrecht, il a beaucoup travaillé pour le prince d'Orange.

789. L'adoration des bergers.
Effet de nuit.

Dessin à la plume et lavé.
Haut. o m. 41 c. — Larg. o m. 26 c.

HUYSUM (Jean van), *peintre, né à Amsterdam en 1682, mort en 1749 (Ecole hollandaise).*

Elève de son père, Juste Van Huysum, il s'inspira d'abord des tableaux de Mignon et fit ensuite ses études sur la nature. Il a peint les fleurs et le paysage.

790. Vase rempli de fleurs.

Dessin colorié à l'aquarelle sur crayon.
Haut. o m. 42 c. — Larg. o m. 32 c.

791. Vase rempli de fleurs.

Dessin colorié à l'aquarelle sur crayon.
Haut. o m. 49 c. — Larg. o m. 37 .

792. Vase rempli de fleurs.

Peinture en grisaille.
Haut. o m. 42 c. — *Larg.* o m. 32 c.

INCONNU.

793. Le Christ descendu de la croix.

Dessin à la plume et rehaussé de blanc.
Haut. o m. 20 c. — *Larg.* o m. 29 c.

794. Supplice des enfers.

Camaïeu peint.
Haut. o m. 61 c. — *Larg.* o m. 46 c.

795. Des martyrs.

Camaïeu peint.
Haut. o m. 61 c. — *Larg.* o m. 46 c.

796. Sujet inconnu.
Pour l'ornement d'un vase.

Dessin de forme ronde , à la plume et lavé.
Diam. o m. 35 c.

797. Vue d'un canal glacé orné de figures.

Dessin colorié à l'aquarelle.
Haut. o m. 17 c. — *Larg.* o m. 25 c.

798. Costumes des anciens ducs de Bourgogne,
ceux de leurs femmes et de leurs enfans.

Peinture à la gouache.
Haut. o m. 23 c. — *Larg.* o m. 38 c.

799. Portrait de l'empereur Mathias, revêtu du costume impérial.

Il est assis sur un trône et entouré des armes des royaumes et provinces dépendant alors de l'empire.

Il est probable que cet ouvrage est d'Egidius Sadeler, peintre, dessinateur et graveur, né à Anvers en 1570, mort à Prague en 1629. Cet artiste a gravé plusieurs fois le portrait de l'empereur Mathias.

Peinture en miniature.

Haut. o m. 30 c. — Larg. o m. 22 c.

800. Un Pape sur son trône reçoit les tributs des quatre parties du monde.

801. Combat de taureaux.

Gouache non terminée.

Haut. o m. 15 c. — Larg. o m. 23 c.

802. Portrait de femme.

Dessin au pastel.

Haut. o m. 40 c. — Larg. o m. 27 c.

803. L'Espérance.

Camaïeu à l'huile.

Haut. o m. 28 c. — Larg. o m. 19 c.

804. Portrait d'homme coiffé d'une toque.

Dessin aux crayons rouge et noir.

Haut. o m. 18 c. — Larg. o m. 21 c.

JORDAENS (Jacques), *peintre et graveur à l'eau-forte, né à Anvers en 1594, mort en 1678 (Ecole flamande).*

Il fut d'abord élève d'Adam Van Oort, dont il épousa la fille, et ensuite de Rubens. Il étudia les tableaux du Caravage, du Titien, de Paul Véronèse, et travailla pour le roi de Suède Charles-Gustave. Jordaens a exécuté un grand nombre d'ouvrages, dont la plus grande partie se trouvent en Flandre et dans les Pays-Bas.

805. L'adoration des bergers.

Dessin à la plume, lavé et rehaussé de blanc.

Haut. o m. 18 c. — *Larg.* o m. 21 c.

806. Repos de la Sainte-Famille.

Dessin fait à la plume et à l'aquarelle.

Haut. o m. 25 c. — *Larg.* o m. 20 c.

807. Un homme assis dans un fauteuil.

Dessin lavé sur crayons noir et rouge, et retouché à la gouache.

Haut. o m. 36 c. — *Larg.* o m. 29 c.

808. Femme assise et vue de face.

Dessin lavé sur crayons noir et rouge, et retouché à la gouache.

Haut. o m. 35 c. — *Larg.* o m. 29 c.

KANNEL (David von Heydelberg).

809. Un guerrier porte-étendard.

Dessin à la plume, lavé et rehaussé de blanc.

Haut. o m. 31 c. — *Larg.* o m. 21 c.

810. Portrait.

Dessin à la plume.

Haut. o m. 14 c. — *Larg.* o m. 10 c.

811. Portrait.

Dessin à la plume.

Haut. o m. 14 c. — *Larg.* o m. 09 c.

LAUTENSACK (Daniel).

812. Résurrection de Jésus.

Dessin de forme ceintrée, à la plume et lavé.

Haut. o m. 64 c. — *Larg.* o m. 62 c.

LIMBORCH (Henri van), *peintre, né à La Haye en 1680, mort en 1758.*

Il a été élève d'Adrien van der Werff.

813. Tête d'homme.

Dessin aux crayons noir et blanc, estompé.

Haut. o m. 43 c. — Larg. o m. 34 c.

LUCAS de **LEYDE**, *peintre et graveur, né en 1494, mort en 1533 (Ecole hollandaise).*

Elève de Hugues Jacobs, son père, et de Cornille Engelbrechtsen. Il se livra à l'étude de la peinture sur verre, et s'occupa également de la gravure au burin et à l'eau=forte.

814. Le Repentir.

Il est assis, armé de verges et livré à de pénibles réflexions. La tête est appuyée sur la main gauche.

Dessin à la plume, lavé et rehaussé de blanc.

Haut. o m. 12 c. — Larg. o m. 18 c.

LUNDBERG. *On ne connaît pas l'époque de sa naissance et de sa mort.*

On sait qu'il fut reçu à l'Académie de peinture de Paris, en 1741, premier peintre du roi de Suède, chevalier de l'ordre de Vasa.

815. Portrait de Charles Natoire, peintre, né en 1700, mort âgé de 77 ans.

Dessin au pastel.

Haut. o m. 67 c. — Larg. o m. 50 c.

816. Portrait de François Boucher, peintre du Roi, mort en 1764, âgé de 64 ans.

Dessin au pastel.

Haut. o m. 67 c. — Larg. o m. 50 c.

LUYCKEN (Jean), *dessinateur et graveur à l'eau-forte, né à Amsterdam en 1649, mort en 1712 (École hollandaise).*

Il abandonna la peinture pour se livrer à la gravure et travailla d'après ses dessins; la Bible, mise au jour par Pierre Mortier, en deux volumes in-folio, et qui, ornée de gravures par Jean Luycken, est l'œuvre la plus capitale de cet artiste.

817. Antoine et Cléopâtre.

« Antoine abandonnant la guerre contre les Parthes
» passa en Arménie : dès qu'il lui fut possible, il prit
» les devans, et accompagné de très peu de troupes, il
» vint à la mer, en un lieu nommé la Bourgade-Blan-
» che, entre Beryte et Sidon.

» Là, en attendant la Reine d'Egypte, il se livra,
» pour charmer son ennui, aux excès de la bonne
» chère et du vin... Souvent au milieu d'un repas,
» pendant que l'on s'invitait mutuellement à boire, il
» sortait brusquement de table, et courait au rivage
» pour voir s'il ne découvrirait pas les vaisseaux qui
» devaient lui amener Cléopâtre.

« Elle arriva enfin, et apporta des habits et de l'ar-
» gent qu'Antoine distribua à ses troupes. Quelques-
» uns crurent que l'argent venait de lui, mais qu'il
» voulait en faire honneur à la Reine » (Crévier).

Dessin à la plume et lavé.

Haut. 0 m. 25 c. — Larg. 0 m. 42 c.

MABUSE (Jean de), *peintre, né à Maubeuge vers 1499, mort en 1562 (École flamande).*

Il voyagea en Italie, et se fixa à son retour dans son pays, où ses ouvrages étaient recherchés.

818. L'adoration des mages.

Dessin à la plume.
Haut. 0 m. 27 c. — *Larg.* 0 m. 19 c.

MENGS (Antoine Raphael), *peintre, né en 1728 à Aussig en Bohème, mort à Rome en 1779.*

Elève de son père, Ismaël Mengs, qui le conduisit à Rome pour y étudier les chefs-d'œuvre antiques et modernes, il y passa une grande partie de sa vie, et s'y fixa après quelques voyages en Allemagne et en Espagne. Il fut nommé peintre du roi d'Espagne, sous le règne de Charles III,

819. La Vierge, l'Enfant-Jésus et plusieurs saints.

Les Anges, sainte Elisabeth et saint Joseph, contemplent avec attention la Vierge et l'Enfant-Jésus qui se font des caresses mutuelles. Saint Jean-Baptiste à genoux adore le Sauveur.

Dessin à la plume et lavé.
Haut. 0 m. 18 c. — *Larg.* 0 m. 14 c.

MEULEN (Antoine François van der), *peintre, né à Bruxelles en 1634, mort à Paris en 1690 (École flamande).*

Elève de Pierre Snayers, peintre de batailles; il vint s'établir en France, où il fit pour Louis XIV un grand nombre d'ouvrages. Il exécuta quelques-uns de ses travaux concurremment avec Le Brun.

820. Louis XIV reconnaît la position de l'ennemi à la tranchée ouverte devant Tournay, en 1667.

Dessin lavé sur crayon.
Haut. 0 m. 55 c. — *Larg.* 0 m. 79 c.

821. Le même sujet traité différemment.

Dessin lavé sur crayon.
Haut. o m. 53 c. — Larg. o m. 79 c.

822. Au siège de Douai, en 1667, pendant que Louis XIV était dans la tranchée, le cheval d'un garde du corps est tué auprès du roi.

Dessin lavé sur crayon.
Haut. o m. 50 c. — Larg. o m. 78 c.

823. Entrée de Louis XIV et de la reine Marie-Thérèse à Douai, en juillet 1667.

Dessin lavé sur crayon.
Haut. o m. 48 c. — Larg. o m. 76 c.

824. Louis XIV, arrivé près de Lille, du côté du prieuré de Fives, en 1667, donne ses ordres pour faire le siége de cette ville.

Dessin lavé sur crayon.
Haut. o m. 44 c. — Larg. o m. 76 c.

825. Ouverture de la campagne de 1672, par Louis XIV.

Les figures allégoriques sont de Le Brun.

Dessin lavé sur crayon.
Haut. o m. 31 c. — Larg. o m. 61 c.

826, Le passage du Rhin, 11 juin 1672.

Dessin au crayon noir et lavé.
Haut. o m. 40 c. — Larg. o m. 55 c.

827. Louis XIV donnant ses ordres pour l'attaque du fort de Schenk, 19 juin 1672.

> Dessin au crayon, lavé en partie.
> *Haut. o m. 34 c. — Larg. o m. 70 c.*

828. Siége de la ville de Doesbourg , 21 juin 1672.

> Dessin à la plume et lavé.
> *Haut. o m. 41 c. — Larg. o m. 81 c.*

829. Reddition de la ville de Doesbourg, 21 juin 1672.

Les figures allégoriques sont de Le Brun.

> Dessin au crayon noir et lavé.
> *Haut. o m. 40 c. — Larg. o m. 62 c.*

830. Vue de la ville d'Utrecht, 24 juin 1672.

Les figures allégoriques sont de Le Brun.

> Dessin lavé sur crayon.
> *Haut. o m. 39 c. — Larg. 1 m. 05 c.*

831. Bataille.

> Dessin à la plume, lavé , rehaussé de blanc et légèrement aquarellé.
> *Haut. o m. 29 c. — Larg. o m. 49 c.*

832. Une ville assiégée.

> Dessin au crayon noir et lavé.
> *Haut. o m. 45 c. — Larg. o m. 78 c.*

L'œuvre de Van der Meulen a été gravée au Musée Royal ; elle fait partie de la collection connue sous le nom de *Cabinet du Roi.* On la trouve à la Chalcographie du Musée Royal.

833. Un cheval.

> Esquisse à l'huile.
> *Haut. o m. 37 c. — Larg. o m. 18 c.*

MIERIS (GUILLAUME), le fils, *né à Leyde, en 1662, mort en 1747.*

Il fut élève de F. Mieris, son père.

854. Figures allégoriques autour d'un tombeau.

Dessin au crayon noir.
Haut. o m. 30 c. — Larg. o m. 20 c.

855. Andromède.

Dessin au crayon noir.
Haut. o m. 32 c. — Larg. o m. 19 c.

856. Cérès.

Dessin au crayon noir.
Haut. o m. 32 c. — Larg. o m. 19 c.

MOLYN (PIERRE), *peintre, né à Harlem, mort à Milan en 1701, à 64 ans (École hollandaise).*

Il portait le même prénom que son père, et s'établit en Italie, où il est connu sous les noms de Pietro de Mulieribus, de Tempesta, de Tempestino. Il a peint tous les genres.

837. Corsaires faisant une descente sur les côtes d'Italie.

Dessin à la plume et lavé.
Haut. o m. 27 c. — Lag. o m. 43 c.

NETSCHER (GASPARD), *peintre, né à Heidelberg en 1639, mort à La Haye en 1684 (École hollandaise).*

Élève de Koster; il se fixa à La Haye, après avoir séjourné quelque temps en France. Il peignit l'histoire et le genre. Deux de ses enfans, Théodore et Constantin, ont suivi la carrière de leur père.

838. Portrait d'un jeune homme.

Dessin de forme ovale à la pierre noire et légèrement lavé.
(Collection Mariette.)

Haut. o m. 14 c. — *Larg.* o m. 12 c.

ORLEY (Bernard Van), *peintre, natif de Bruxelles, vivait en 1490.*

Elève de Raphaël, il a peint particulièrement des châsses, et fait des cartons pour des tapisseries. Il a été employé long=temps par les princes d'Autriche et d'Orange.

839. Paysage.

On voit un cavalier sur le premier plan.

Dessin à la plume, lavé et rehaussé de blanc.
(Collection Mariette.)

Haut. o m. 31 c. — *Larg.* o m. 46 c.

840. La surprise.

Dessin à la plume, lavé et rehaussé de blanc.
(Collection Mariette.)

Haut. o m. 32 c. — *Larg.* o m. 46 c.

841. Vue d'un village.

Sur le premier plan, un enfant debout met la main sur le sein de sa nourrice.

Dessin à la plume, lavé et rehaussé de blanc.
(Collection Mariette.)

Haut. o m. 32 c. — *Larg.* o m. 46 c.

VAN-ORT.

842. Tête d'homme.

Dessin aux trois crayons.

Haut. o m. 29 c. — *Larg.* o m. 21 c.

OSTADE (Adrien van), *peintre et graveur à l'eau-forte, né à Lubeck en 1610, mort à Amsterdam en 1685 (École hollandaise).*

Elève de François Hals, il séjourna à Harlem, se fixa à Amsterdam, et représenta de préférence dans ses ouvrages des sujets familiers.

843. Musiciens ambulans.

A la porte d'une boutique, un vielleur, accompagné d'un petit garçon qui joue du violon, excite les aboiemens d'un chien qu'un jeune enfant s'efforce de retenir.

Dessin à la plume et colorié à l'aquarelle.
Haut. o m. 21 c. — Larg. o m. 18 c.

OVERLAET (A.).

Il était boulanger de profession et savait contrefaire à la plume les estampes de tous lès maîtres. Il demeurait à Anvers, et vivait au milieu du dernier siècle.

844. Une Sainte-Famille.

Dessin à la plume, qui porte la date de 1758.
Haut. o m. 21 c. — Larg. o m. 29 c.

PALCKO (François Charles), *peintre, né à Breslaw en 1724, mort en 1767 ou 1770 (École allemande).*

Il étudia les productions de l'école vénitienne, apprit d'Antoine Bibiena les règles de l'architecture, et a été employé à Dresde, à Vienne, etc.

845. Le triomphe de la religion chrétienne aux Indes.

Dessin allégorique à la plume, lavé et ciutré.
(Collection Mariette.)
Haut. o m. 32 c. — Larg. o m. 47 c.

PINACKER (Adam), *peintre, né à Delft en* 1621, *mort en* 1673 (École hollandaise).

On ignore comment on appelait la famille de cet artiste connu sous le nom du bourg où il est né. Il parcourut l'Italie et revint dans sa patrie faire usage des études recueillies dans ses voyages.

846. Rochers et chute d'eau.

Dessin à la plume, lavé et rehaussé de blanc.
Haut. o m. 44 c. — *Larg.* o m. 30 c.

PINAS (Jean), *peintre, né à Harlem* (École hollandaise).

Les principaux ouvrages de cet artiste ont été faits depuis 1597 *jusqu'en* 1620. *Rembrandt les a étudiés.*

847. Paysage.

Ce dessin à été quelquefois attribué à Rembrandt.

Dessin à la plume et colorié.
Haut. o m. 13 c. — *Larg.* o m. 20 c.

848. La parabole de la paie des ouvriers.

Dessin à la plume et colorié.
Haut. o m. 13 c. — *Larg.* o m. 20.

PORBUS (François), *le fils, peintre, né à Bruges en* 1570, *mort à Paris en* 1622.

Il fut élève de son père. Quelques-uns de ses ouvrages décoraient les monumens de Paris.

849. Portrait d'homme.

Dessin au crayon noir et au pastel.
Haut. o m. 23 c. — *Larg.* o m. 16 c.

850. Portrait d'homme.

Dessin au crayon noir et au pastel.

Haut. o m. 23 c. — Larg. o m. 16 c.

851. Le prévôt des marchands et les échevins de la ville de Paris félicitent Louis XIII sur son mariage.

Pensée du tableau peint en 1618 pour l'Hôtel-de-Ville.

Dessin à la plume, lavé au bistre.

Haut. o m. 23 c. — Larg. o m. 20 c.

POTTER (Paul), *peintre, né à Enkuissen en* 1625 *mort à Amsterdam en* 1654.

Élève de son père, il se livra particulièrement à l'étude des animaux. Ses ouvrages sont fort recherchés. Il grava quelques-unes de ses productions.

852. Deux têtes de béliers.

Peinture à l'huile.

Haut. o m. 13 c. — Larg. o m. 10 c.

853. Un cochon.

Dessin à la pierre noire.

Haut. o m. 19 c. — Larg. o m. 27 c.

QUELLINUS (Artus), *peintre, neveu et élève d'Érasme Quellinus.*

854. Les Tritons et les Néréides rendant hommage à la Hollande. Sujet pour un fronton.

Dessin en plusieurs morceaux, au crayon noir et rehaussé de blanc.

Haut. o m. 45 c. — Larg. o m. 95 c.

RADEMACKER (Abraham), *peintre à la gouache, graveur à la pointe et au lavis, né à Amsterdam en 1675, mort à Harlem en 1735 (Ecole hollandaise).*

Il n'eut d'autres maîtres que la nature, peignit, dessina et grava des paysages ornés d'édifices go-thiques, de ruines, de figures et d'animaux.

855. Paysage.

On y voit une route sur le bord d'une rivière et près d'un rocher percé.

Dessin à la plume et lavé.

Haut. o m. 19 c. — Larg. o m. 28 c.

REMBRANDT (Paul) dit **VAN-RYN**, *peintre et gra-veur, né près de Leyde en 1606, mort à Amsterdam en 1674 (Ecole hollandaise).*

Elève de Pierre Latsman et d'autres maîtres. Il a peint l'histoire, le portrait, le genre familier et le paysage.

856. Jésus voyageant avec les pélerins d'Em-maüs.

Dessin à la plume et lavé. (Collection Mariette.)

Haut. o m. 16 c. — Larg. o m. 22 c.

857. Jeune homme nu étendu sur un lit.

Dessin à la plume et lavé. (Collection Mariette.)

Haut o m. 13 c. — Larg. o m. 19 c.

REYNOLDS (Josué), *peintre, né à Plympton, dans le Devonshire, en 1723, mort à Leicester-Fields en 1792 (Ecole anglaise).*

Elève d'Hudson, il termina ses études en Italie et

revint ensuite se fixer en Angleterre, où il a fait la plus grande partie de ses ouvrages.

858. La Sainte-Famille.

Dessin à la plume et lavé. (Collection Nathaniel Hone.)
Haut. o m. 31 c. — Larg. o m. 22 c.

ROOS (Jean-Henri), *peintre et graveur à l'eau-forte, né à Otterberg en 1631, mort en 1685 à Francfort, des suites de l'incendie de sa maison (Ecole allemande).*

Elève de Julien du Jardin, peintre d'histoire, et d'Adrien de Bie, peintre de genre. Il a peint le paysage, les animaux, quelques portraits, et a laissé quatre fils et une fille, qui ont suivi la carrière de leur père.

859. Jeune pâtre se désaltérant près d'une fontaine et du troupeau qu'il conduit.

Dessin à la plume et lavé. (Collection Mariette.)
Haut. o m. 26 c. — Larg. o m. 21 c.

860. Animaux en repos près de rochers escarpés.

Dessin à la plume et lavé. (Collection Mariette.)
Haut. o m. 25 c. — Larg. o m. 20 c.

861. Paysage.

Dessin à la plume et lavé. (Collection Mariette.)
Haut. o m. 21 c. — Larg. o m. 32 c.

ROTTENHAMER (Jean), *peintre, né à Munich en 1564 ou 1566, mort à Augsbourg en 1604 (Ecole allemande).*

Il passa de l'école du peintre Donouwer en Italie,

*visita Rome, s'arrêta à Venise pour y étudier la cou=
leur et la composition du Tintoret, et revint demeurer
à Augsbourg.*

862. Les anges et les bergers adorent Jésus nouveau-né.

Dessin à la plume et lavé.
Haut. o m. 34 c. — *Larg.* o m. 27 c.

RUBENS (PIERRE-PAUL), *peintre et graveur à l'eau-
forte, né à Cologne en* 1577, *mort à Anvers en* 1640
(Ecole flamande).

*Van Oort et Otto Venius sont comptés au nombre
des maîtres qu'il suivit dans sa jeunesse. Il demeura
en Italie, séjourna quelque temps en Espagne, et revint se fixer à Anvers. C'est dans cette ville, en* 1620,
*qu'il fit exécuter les tableaux de la vie de Marie de
Médicis, à l'exception de deux qui furent peints à
Paris, et en partie sous les yeux de la reine.*

863. Le baptême de Jésus.

Dessin aux crayons noir et blanc.
Haut. o m. 48 c.— *Larg.* o m. 77 c.

864. L'adoration des bergers.

Dessin au crayon noir, lavé, rehaussé de blanc et retouché par
Rubens.
Haut. o m. 57 c. — *Larg.* o m. 44 c.

865. L'adoration des mages.

Dessin en largeur aux trois crayons, lavé et retouché à gouache
par Rubens.
Haut. o m. 43 c. — *Larg.* o m. 58 c.

866. L'adoration des mages.

Dessin en hauteur, aux trois crayons et retouché au lavis.
Haut. o m. 56 c. — *Larg.* o m. 74 c.

9*

867. La Sainte-Famille en Egypte.

Dessin au crayon noir et rehaussé de blanc.
Haut. o m. 41 c. — Larg. o m. 31 c.

868. Elévation de Jésus sur la croix.

Esquisse à l'aquarelle sur crayon.
Haut. o m. 39 c. — Larg. o m. 43 c.

869. Descente de Croix.

Dessin aux trois crayons et retouché au lavis.
Haut. o m. 57 c. — Larg. o m. 44 c.

870. Le Christ mort.

Jésus assis près du tombeau qui lui est destiné, est soutenu par sa mère. La plaie de son côté attire l'attention de deux anges, et Madeleine examine avec douleur les clous qui ont retenu son divin Maître sur la croix.

Dessin aux trois crayons, retouché à la gouache et colorié en partie.
Haut. o m. 48 c. — Larg. o m. 38 c.

871. Saint François recevant les stygmates.

Dessin au crayon noir, lavé et rehaussé de blanc.
Haut. o m. 52 c. — Larg. o m. 36 c.

872. Saint Étienne.

Camaïeu à l'huile.
Haut. o m. 42 c. — Larg. o m. 19 c.

873. Saint François Xavier guérissant des malades au Japon.

Dessin au crayon, lavé et rehaussé de blanc.
Haut. o m. 56 c. — Larg. o m. 43 c.

874. Saint Ignace de Loyola guérissant des possédés.

Dessin aux crayons noir et blanc, retouché à la gouache.
Haut. 1 m. 93 c. — *Larg.* 1 m. 30 c.

875. Combat de Mars et de Minerve.

Esquisse peinte à l'huile.
Haut. o m. 38 c. — *Larg.* o m. 54 c.

876. Pluton sur son trône juge les âmes qui lui sont présentées par Mercure.

Esquisse peinte d'après le Primatice.
Haut. o m. 41 c. — *Larg.* o m. 55 c.

877. Léandre recueilli par les Néréides.

Dessin lavé sur crayon et rehaussé de blanc.
Haut. o m. 60 c. — *Larg.* o m. 91 c.

878. L'archiduc Albert à cheval.

Dessin à la plume et lavé.
Haut. o m. 30 c. — *Larg.* o m. 21 c.

879. La Chasse aux lions.

Dessin au crayon noir, lavé, rehaussé de blanc et retouché par Rubens.
Haut. o m. 41 c. — *Larg.* o m. 60 c.

880. Paysage. Etude.

Déssin aux crayons noir et blanc et au pastel.
Haut. o m. 70 c. — *Larg.* o m. 49 c.

881. Portrait de Rubens.

Dessin aux crayons noir et blanc.
Haut. o m. 46 c. — Larg. o m. 28 c.

882. Tête d'homme.

Dessin à la plume et lavé.
Haut. o m. 27 c. — Larg. o m. 21 c.

883. Une jeune femme.

Dessin aux trois crayons.
Haut. o m. 51 c. — Larg. o m. 46 c.

884. Une femme debout.

Dessin aux trois crayons.
Haut. o m. 54 c. — Larg. o m. 35 c.

885. Un jeune enfant tenu en lisière; étude.

Dessin aux trois crayons.
Haut. o m. 40 c. — Larg. o m. 29 c.

RUBENS (*attribué à*).

886. La Cène.

D'après Léonard de Vinci.

Dessin lavé sur crayons rouge et noir.
Haut. o m. 32 c. — Larg. o m. 49 c.

RUISDAEL (Jacques), *peintre et graveur à l'eau-forte,
né à Harlem vers 1640, mort en 1681.*

*Il se lia d'amitié avec Berghem, qui l'aida de ses
conseils, peignit le paysage, la marine et fit orner ses*

tableaux de figures par Wouvermans, Adrien Van den Velde, etc.

887. Paysage. Effet de soleil.

Dessin au lavis.

Haut. 0 m. 19 c. — Larg. 0 m. 32 c.

888. Chaumières et paysage.

Dessin lavé sur crayon.

Haut. 0 m. 17 c. — Larg. 0 m. 23 c.

889. Vue d'une route coupée par un ruisseau.

Dessin lavé sur crayon.(Collection Mariette.)

Haut. 0 m. 18 c. — Larg. 0 m. 30 c.

SAVERY (Rolant), *né à Courtrai en 1576, mort à Utrecht en 1639.*

Il apprit les premiers élémens de la peinture de Jacques Savery, son père, qui l'exerça à peindre des animaux, des oiseaux, etc. Il s'attacha principalement au paysage, et dessina pour l'empereur Rodolphe des vues du Tyrol. La galerie de Prague possède plusieurs de ses paysages, qui ont été gravés par OEgidius Sadeler. A la mort de Rodolphe, il retourna à Utrecht, où il finit ses jours.

890. Paysage.

Dessin de forme ronde, à la plume, lavé et rehaussé de blanc.

Diam. 20 c.

SCHELLINKS (Guillaume), *mort en 1678 (Ecole hollandaise).*

Il parcourut, pour y étudier, l'Angleterre, la

France, la Suisse, l'Italie ; peignit la marine et le paysage, qu'il ornait de figures.

891. Un port de l'île de Malte.

Dessin à la plume et à l'aquarelle. (Collection Mariette.)
Haut. 0 m. 41 c. — Larg. 0 m. 59 c.

SCHMUZER, *vivait en* 1770.

892. Portrait de l'empereur Joseph II.

Dessin aux crayons noir et rouge, fait en 1770.
Haut. 0 m. 33 c. — Larg. 0 m. 26 c.

SCHOEN (Martin Schoenhaver, dit), *né à Culmbach en* 1420, *mort en* 1486 (Ecole allemande).

Il était orfèvre, peintre et graveur. Quelques-uns de ses compatriotes revendiquent pour lui l'invention de la gravure au burin, que les Italiens attribuent à Maso Finiguera.

895. Le portement de croix.

Ce sujet a été gravé d'abord par Martin Schoen, puis copié par Glockenton, et par d'autres graveurs.
Dessin à la plume, rehaussé de blanc sur papier colorié en bleu.
Haut. 0 m. 21 c. — Larg. 0 m. 31 c.

894. Le Sauveur du monde.

Dessin à la plume.
Haut. 0 m. 26 c. — Larg. 0 m. 18 c.

SCHUT (Cornille), *peintre et graveur, né à Anvers vers* 1590, *mort en* 1676 (Ecole flamande).

Elève de Rubens, il a peint l'histoire, et a souvent orné de bas-reliefs et de figures en grisailles les ta-

bleaux de fleurs de Daniel Seghers, connu sous le surnom du Jésuite d'Anvers.

895. Les Israélites recueillent la manne.

Dessin en camaïeu.

Haut. o m. 23 c. — Larg. o m. 40 c.

896. Frise ornée d'une guirlande de fleurs, d'animaux, d'oiseaux et d'amours.

Dessin au crayon, lavé et rehaussé de blanc.

Haut. o m. 24 c. — Larg. o m. 33 c.

SCHWARTS ou **SWARTS**, *né en Bavière vers l'an 1550.*

Étudia à Venise sous le Titien, et fut appelé le Raphaël de l'Allemagne. Louis V, duc de Bavière et électeur, le nomma son premier peintre; il mourut à Munich en 1591, âgé d'environ 44 ans.

897. Portrait d'homme âgé.

Dessin à la plume.

Haut. o m. 13 c. — Larg. o m. 10 c.

SNEYDERS (FRANÇOIS), *peintre à Anvers, né en 1579, mort vers 1657, on ne sait pas dans quelle ville.*

Élève de Henry Van-Balen; il entreprit dans sa jeunesse un voyage en Italie, et de retour en Flandre, il se fixa à Anvers, où il a fait la plus grande partie de ses ouvrages. Il peignit plusieurs tableaux pour le roi d'Espagne Philippe III, et fut nommé peintre de l'Archiduc Albert, gouverneur-général des Pays-Bas Espagnols.

898. Paons.

Étude coloriée à l'huile.

Haut. o m. 21 c. — Larg. o m. 29 c.

899. Un singe.

> Étude peinte à l'huile.
> *Haut. o m. 39 c. — Larg. o m. 48 c.*

SPECCARD (Jean), *peintre allemand, vivait en 1577.*

> *Il a travaillé à Florence, à Rome, etc.*

900. Le couronnement d'épines.

> Dessin à la plume, lavé et rehaussé de blanc.
> *Haut. o m. 36 c. — Larg. o m. 27 c.*

STIMMER (Tobie).

901. Le Christ mis au tombeau.

> Dessin de forme cintrée, fait à la plume et lavé.
> *Haut. o m. 64 c. — Larg. o m. 62 c.*

SWANEVELT (Herman), *peintre et graveur à l'eau-forte, né à Voerden en 1620, mort à Rome en 1690.*

> *Il vint fort jeune à Rome, reçut des avis de Claude le Lorrain, fit ses études sur la nature dans les environs de Rome, peignit et grava le paysage, qu'il ornait de figures et d'animaux.*

902. Vue de l'arc triomphal de Constantin à Rome.

> Dessin au lavis. (Collection Mariette.)
> *Haut. o m. 22 c. — Larg. o m. 32 c.*

TÉNIERS (David) le jeune, *peintre et graveur à l'eau-forte, né à Anvers en 1610, mort à Bruxelles en 1694* (École flamande).

> *Élève de son père, David Teniers, dit le Vieux, et*

d'Adrien Brauwer, il a peint le genre familier. Il s'était fixé dans le village de Perck, entre Anvers et Malines, où il faisait d'après nature toutes ses études.

903. Fête de village où des paysans dansent au son d'une cornemuse.

Dessin au crayon noir.
Haut. o m. 23 c. — *Larg.* o m. 35 c.

904. Buveurs, joueurs et fumeurs réunis.

Dessin au crayon noir. (Collection Mariette.)
Haut. o m. 27 c. — *Larg.* o m. 21 c.

TERBURG (GÉRARD), *peintre, né à Zwol en 1608, mort à Deventer en 1681 (Ecole flamande).*

Il apprit d'abord de son père les premiers principes de l'art et étudia ensuite à Harlem sous un autre maître dont on ne connaît pas le nom. Après avoir parcouru l'Allemagne, l'Italie, l'Angleterre et la France, il s'établit à Deventer où il fut nommé bourguemestre de la ville. Il y fit la plus grande partie de ses ouvrages.

905. Portrait d'homme.

Dessin aux trois crayons, et un peu de pastel.
Haut. o m. 34 c. — *Larg.* o m. 22 c.

TEYSSENS.

906. Saturne.

Peinture à l'huile.
Haut. o m. 28 c. — *Larg.* o m. 25 c.

UDEN (Lucas Van), *peintre et graveur à l'eau-forte,
né à Anvers en 1595, mort vers 1662.*

*En peu de temps il surpassa son père, étudia la
nature et reçut des conseils de Rubens, qui orna quelquefois de figures ses paysages.*

907. Paysage.

Dessin à la plume et lavé. (Collection Mariette.)
Haut. o m. 17 c. — Larg. o m. 26 c.

908. Paysage.

Dessin à la plume et lavé. (Collection Mariette.)
Haut. o m. 16 c. — Larg. o m. 27 c.

Ces deux derniers dessins offrent le même site dessiné d'après
nature sous deux points de vue différens.

ULFT (Jean-Vander), *peintre, né à Gorcum en 1627;
l'année de sa mort et le nom de son maître sont inconnus.*

*Il se livra à des recheches sur la peinture sur verre que
lui facilitèrent ses connaissances en chimie, et plusieurs
églises de Gorcum et du pays du Gueldres sont décorées
de vitraux peints par cet artiste. Vander Ulft fut Bourguemestre de Gorcum.*

909. Un grand cortége.

Portion d'un dessin à la plume et lavé.
Haut. o m. 20 c. — Larg. o m. 41 c.

VELDE (Guillaume Van den), *peintre, né à Amsterdam en 1633, mort à Londres en 1707 (Ecole hollandaise.)*

Elève de son père, Guillaume Van den Velde, dit le

Vieux, et de Simon Ulieger; il passa en Angleterre, où ses marines ont été recherchées.

910. Marine.

Dessin à la plume et au lavis. (Collection Mariette.)
Haut. o m. 15 c. — Larg. o m. 20 c.

911. Marine.

Dessin à la plume et au lavis. (Collection Mariette.)
Haut. o m. 15 c. — Larg. o m. 20 c

VERKOLI.

912. Jeune fille.

Dessin lavé sur crayon.
Haut. o m. 28 c. — Larg. o m. 17 c.

VERMEYEN (Jean-Cornelis), *peintre, né à Berwiek, mort à Bruxelles en 1559.*

Élève de son père; il accompagna Charles-Quint dans ses voyages, et fut fort utile à l'armée impériale comme ingénieur et architecte militaire. On trouve quelques-uns de ses ouvrages dans l'abbaye de Saint Waast en Flandre et dans les églises de Sainte-Gudule et de Saint-Gorecks à Bruxelles.

913. Un tournois.

Dessin à la plume et lavé.
Haut. o m. 41 c. — Larg. o m. 69 c.

914. Bataille.

Dessin à la plume et lavé.
Haut. o m. 56 c. — Larg. 1 m. 22 c.

915. Bataille.

Dessin à la plume et lavé.
Haut. o m. 55 c. — Larg. 1 m. 26 c.

VISSCHER (Corneille de), *dessinateur et graveur, né en Hollande vers* 1610.

Elève de P. Soutman.

916. Portrait d'une femme âgée.

Dessin au crayon noir. (Collection Mariette.)
Haut. o m. 14 c. — *Larg.* o m. 11 c.

917. Portrait de femme.

Dessin au crayon noir.
Haut. o m. 28 c. — *Larg.* o m. 2. c.

918. Portrait d'homme.

Dessin aux crayons rouge et noir, non terminé.
Haut. o m. 18 c. — *Larg.* o m. 14 c.

WAEL (Corneille de), *peintre et graveur à l'eau-forte, né à Anvers en* 1594, *mort à Gênes en* 1662 (Ecole flamande).

Il fut élève de son père, Jean de Wael, peignit les actions militaires, et grava plusieurs de ses compositions.

919. Combat d'infanterie et prise d'un drapeau.

Dessin à la plume et lavé.
Haut. o m. 19 c. - *Larg.* o m. 40 c.

920. Ordres donnés par un commandant aux canonniers, et passage d'un pont.

Dessin à la plume et lavé.
Haut. o m. 19 c. - *Larg.* o m. 41 c.

WATERLOO (Antoine), *peintre et graveur hollandais, né à Amsterdam ou à Utrecht vers 1618, mort en 1662.*

921. Paysage.

Dessin lavé sur crayon.

Haut. o m. 62 c. — *Larg.* o m. 5o c.

WERNER (Joseph), *né à Berne en 1637.*

Il reçut de son père les premières leçons de dessin, passa ensuite dans l'école de Mathieu Mérian, peintre de Francfort. Voulant perfectionner son art, il alla en Italie ; de retour à Rome, il ouvrit une école ; mais Frédéric III, roi de Prusse , ayant établi une académie de peinture et de sculpture, Werner en fut directeur en 1696. Cette direction étant supprimée, il revint dans sa patrie et y mourut en 1710, âgé de 73 ans.

922. Louis XIV, sous la figure d'Apollon, dans le char du Soleil, précédé par l'Aurore et accompagné par les Heures.

Peinture en miniature.

Haut. o m. 33 c. — *Larg.* o m. 21 c.

923. Apollon tue le serpent Python.

Louis XV est représenté sous la figure d'Apollon.

Peinture en miniature.

Haut. o m. 33 c. — *Larg.* o m. 21 c.

924. Repos de Diane au retour de la chasse.

La duchesse de La Vallière est représentée sous la figure de Diane.

Peinture en miniature.

Haut. o m. 33 c. — *Larg.* o m. 21 c.

WOLGMUTH (Michel)

925.   L'apôtre saint Pierre.

Dessin à la plume et lavé.
Haut. o m. 37 c. — Larg. o m. 13 c.

ZUSTRIS ou SUSTER (Frédéric). *On ignore la date de sa naissance. Il mourut à Munich vers l'an 1600.*

Il se rendit en Italie, où il étudia, et fut ensuite peintre et architecte de Guillaume, duc de Bavière.

926.   Cosme de Médicis, surnommé *Père du peuple.*

Les Florentins décernent à Cosme de Médicis, dit l'Ancien, le titre de *Père du peuple* et de libérateur de la patrie, en reconnaissance de ses bienfaits et de sa bonne administration.

Dessin fait à la plume et lavé sur crayon.
Haut. o m. 35 c. — Larg. o m. 39 c.

ÉCOLE FRANÇAISE.

AUBRY, *vivait en 1774.*

927. Un voyageur.

> Dessin au bistre, fait à Rome en 1774.
> *Haut. 0 m. 36 c. — Larg. 0 m. 28 c.*

928. Un voyageur.

> Dessin au bistre.
> *Haut. 0 m. 36 c. — Larg. 0 m. 28 c.*

BAUDOUIN (Pierre-Antoine), *peintre à la gouache, mort vers 1770.*

929. Phrynée devant ses juges.

> Peinture à l'aquarelle.
> *Haut. 0 m. 45 c. — Larg. 0 m. 38 c.*

BERTHELEMY (Jean-Simon), *peintre, né à Laon en 1743, mort à Paris en 1811.*

Élève de N. Hallé, il remporta le grand prix de peinture; nommé membre de l'Académie Royale de Peinture, en 1780, il fut ensuite professeur de l'École spéciale de Dessin.

950. Psamméticus, roi d'Egypte.

Dessin aux crayons noir et blanc.
Haut. 0 m. 42 c. — *Larg.* 0 m. 57 c.

BOISSIEU (JEAN-JACQUES), *graveur, né en 1736, mort en 1810.*

Il voyagea en Italie, où il fit beaucoup d'études. Son œuvre gravé monte à 107 pièces, plusieurs sont dans le genre de Rembrandt.

951. Tête de vieillard.

Dessin à la sanguine.
Haut. 0 m. 22 c. — *Larg.* 0 m. 18 c.

952. Portrait d'homme.

Dessin à la sanguine.
Haut. 0 m. 21 c. — *Larg.* 0 m. 17 c.

953. Un savoyard.

Dessin à la mine de plomb.
Haut. 0 m. 20 c. — *Larg.* 0 m. 11 c.

954. Un tronc d'arbre.

Étude au crayon noir et au lavis.
Haut. 0 m. 25 c. — *Larg.* 1 m. 18 c.

955. Tête de vieillard.

Dessin à la plume.

Haut. o m. 17 c. — *Larg.* o m. 14 c.

956. Tête de jeune homme.

Dessin à la sanguine.

Haut. o m. 19 c. — *Larg.* o m. 15 c.

957. Tête de femme.

Dessin à la sanguine.

Haut. o m. 17 c. — *Larg.* o m. 15 c.

958. Tête de jeune fille.

Dessin à la sanguine.

Haut. o m. 24 c. — *Larg.* o m. 17 c.

BORELLI.

959. Vue du pavillon de Louvecienne et des environs de Marly.

Dessin à l'aquarelle.

Haut. o m. 28 c. — *Larg.* o m. 48 c.

BOUCHARDON (EDME), *sculpteur, né à Chaumont en 1698, mort à Paris en 1762.*

Élève de son père, architecte et sculpteur, et de Coustou; il remporta le grand prix, et termina ses études à Rome, où il habita dix ans. En 1739, *la ville de Paris lui confia l'exécution de la fontaine de Grenelle, et en* 1749, *celle de la statue équestre de Louis XV.*

940. Vendange ou Bacchanale.

Cette cornaline est désignée ordinairement sous le nom de ca-
chet de Michel-Ange, et dont une empreinte encastrée au-dessous du dessin fait connaître la grandeur de la pierre et la composition représentée.

Dessin à la sanguine d'après une cornaline gravée.

Haut. o m. 12 c. — Larg. o m. 18 c.

941. Etienne III donnant l'onction royale à Pepin.

En 754, le pape Etienne III, réfugié en France,
donne l'onction royale à Pepin dit le Bref, à la reine
Bertrade, son épouse, et aux princes Charles et Carlo-
man, leurs enfans.

Dessin à la sanguine. (Collection Mariette.)

Haut. o m. 11 c. — Larg. o m. 21 c.

942. Rédaction de la loi salique.

Quatre des principaux chefs des Francs, Wisogast,
Bodogast, Salogast et Windogast, rédigent la loi salique.

Dessin à la sanguine. (Collection Mariette.)

Haut. o m. 10 c. — Larg. o m. 22 c.

943. Sujet tiré du songe de Poliphile.

« Là étaient plusieurs jeunes Nymphes, belles et de
» bonne grâce, accompagnées d'autant d'hommes de
» leur âge, passant le temps joyeusement ensemble.
» Aucunes qui avaient haussé leurs vêtemens de soie,
» et amoncelé sur leurs bras, couraient par dedans
» ce ruisseau, tellement qu'elles faisaient voir la belle
» disposition et profil de leurs personnes, ayant les
» jambes découvertes jusques aux genoux, et les pieds
» en l'eau jusques à la cheville... Les unes couraient
» après les cygnes, et s'entrejetaient de l'eau avec
» leurs mains ; les autres étaient assises sur la rive, et

» faisaient des bouquets de fleurettes, qu'elles don-
» naient à leurs amis, etc.» (*Songe de Poliphile, chap.
XVI. Trad. de Jean Martin*).

Dessin à la sanguine.
Haut. o m. 30 c. — Larg. o m. 46 c.

BOUCHER (FRANÇOIS), *peintre et graveur, né à Paris
en 1704, mort en 1770.*

*Il était élève de Lemoine, et à son retour d'Italie où
il s'était rendu avec Carle Vanloo, en 1727, il fut admis
à l'Académie Royale de Peinture.*

944. Vue d'un moulin.

Dessin aux crayons noir et blanc.
Haut. o m. 30 c. — Larg. o m. 43 c.

945. Une jeune fille appuyée sur une corbeille
de fleurs.

Dessin au pastel.
Haut. o m. 46 c. — Larg. o m. 38 c.

BOULLONGNE (BON), *peintre et graveur, né à Paris
en 1649, mort dans la même ville en 1717.*

*Élève de Louis Boullongne, son père ; il se rendit en
Italie, étudia principalement les ouvrages des Carrache
et du Corrège. De retour en France, il fit des travaux de peinture dans l'église des Invalides et dans les
maisons royales.*

946. Saint Antoine de Padoue prouve l'innocence de son père.

On lit dans les légendaires, que le père de saint

Antoine de Padoue, administrateur des finances du roi
de Portugal, ayant négligé de prendre des reconnais-
sances de plusieurs paiemens qu'il avait faits, fut appelé
en jugement. Il allait être condamné, quand saint Antoine apparut miraculeusement au juge, fit connaître
la vérité, et força les créanciers de son père à donner
quittance des sommes qu'ils avaient reçues.

Dessin à la plume et lavé.

Haut. o m. 3o c. — *Larg.* o m. 23 c.

BOURDON (Sébastien), *peintre et graveur, né à
Montpellier en 1616, mort à Paris, en 1671.*

*Élève d'un peintre dont on n'a pas conservé le nom;
il étudia trois ans à Rome, fut quelque temps premier
peintre de Christine, reine de Suède, et a été, dès
l'origine, membre de l'Académie Royale de Peinture.
Il peignit l'histoire, le genre familier, le paysage,
fit des pastiches et des gravures à l'eau-forte.*

947. A la clarté d'un flambeau, Tobie enterre
un des enfans d'Israël, tué par ordre de Sen-
nachérib.

Dessin lavé sur crayon et rehaussé de blanc.
(Collection Mariette.)

Haut. o m. 22 c. — *Larg.* o m. 35 c.

948. L'adoration des mages.

Dessin à la plume et lavé. (Collection Mariette).
Haut. o m. 19 c. — *Larg.* o m. 32 c.

949. L'Enfant-Jésus adoré par les anges et saint
Jean-Baptiste.

Dessin lavé et rehaussé de blanc.
Haut. o m. 27 c. — *Larg.* o m. 21 c.

950. Le martyre de saint Pierre.

Première pensée d'un tableau qui fait partie de la collection du Musée Royal.

Dessin à la plume et lavé au bistre.

Haut. o m. 33 c. — Larg. o m. 24 c.

951. Répétition du même sujet avec quelques changemens.

Dessin à la plume et lavé au bistre.

Haut. o m. 33 c. — Larg. o m. 24 c.

952. Apparition du Sauveur et du Père Éternel, exauçant les prières de saint Roch.

Dessin à la plume, lavé et rehaussé de blanc.

Haut. o m. 56 c. — Larg. o m. 66 c.

953. Portrait de l'auteur, d'après celui qu'il a peint dans son tableau de Simon le magicien.

Dessin au crayon noir.

Haut. o m. 12 c. — Larg. o m. 10 c.

BOURGUIGNON (JACQUES-COURTOIS, *dit* le), *peintre et graveur, né à Saint-Hippolyte, dans la Franche-Comté, en 1621, mort à Rome en 1676.*

Il quitta très jeune la maison paternelle, se rendit à Milan, où il fit la connaissance du baron de Vatte= ville, mestre=de-camp du roi d'Espagne, et le suivit à l'armée pendant trois campagnes. Après avoir exécuté un grand nombre d'études sur les champs de bataille, il se fixa ensuite pendant quelque temps à Rome, où il fit plusieurs ouvrages.

954. Apparition de saint Jacques-le-Majeur à Ramire Ier.

L'apôtre saint Jacques-le-Majeur, monté sur un cheval blanc, apparaît à Ramire Ier, roi de Léon, et met en déroute les Sarrazins. Le Monarque lève ses mains au Ciel, et remercie l'Eternel d'un secours aussi inattendu.

Dessin à la plume et lavé.

Haut. o m. 46 c. — *Larg.* o m. 71 c.

955. Une bataille.

Dessin à la plume et lavé

Haut. o m. 22 — *Larg.* o m. 35.

956. Combat de cavaliers et de cuirassiers.

Dessin à la plume et lavé.

Haut. o m. 11 c. — *Larg.* o m. 16 c.

957. Le lendemain d'une bataille.

Dessin à la plume et lavé.

Haut. o m. 11 c. — *Larg.* o m. 16 c.

958. Sujet de bataille.

Dessin à la plume.

Haut. o m. 11 c. — *Larg.* o m. 16 c.

BOUZONNET STELLA (ANTOINE), *peintre et graveur, né à Lyon en 1634, mort à Paris en 1682.*

Il était élève et neveu de Jacques Stella, et fut élu adjoint à professeur à l'Académie Royale de Peinture.

959. Le martyre de saint Pierre.

Dessin à la plume et lavé.

Haut. o m. 19 c. — *Larg.* o m. 13 c.

960. Portrait du père Gonet, Dominicain.

Dessin aux trois crayons.

Haut. 0 m. 19 c. — Larg. 0 m. 15 c.

BOUZONNET STELLA (Claudine), *née à Lyon en 1636, morte à Paris en 1697.*

Élève et nièce de Jacques Stella, elle a transmis, dans ses gravures le caractère des ouvrages du Poussin.

961. Entrée de Jésus dans Jérusalem.

« Les disciples ayant amené l'ânon et l'ânesse, ils
» les couvrirent de leurs vêtemens, et ils firent mon-
» ter leur divin maître dessus. Une grande multitude
» de peuple étendit aussi ses vêtemens le long du che-
» min : les autres coupaient des branches d'arbres, et
» les jetaient par où ils passaient. » (Saint-Mathieu).

Dessin à la plume, lavé, rehaussé de blanc et fait en 1658.
(Collection Mariette.)

Haut. 0 m. 22 c. — Larg. 0 m. 30 c.

BRUN (Charles le), *voir* Le Brun.

BUNEL (Jacob), *né à Blois en 1558, on ignore l'époque de sa mort.*

Il fut peintre du roi, et exécuta avec Dubreuil les peintures de la voûte de la petite galerie du Louvre, brulée en 1660, 14 tableaux à fresque, à Fontainebleau, et plusieurs autres ouvrages pour l'ornement des maisons royales.

962. Tête d'homme.

Dessin aux crayons noir et blanc.

Haut. 0 m. 12 c. — Larg. 0 m. 10 c.

CALLOT (Jacques), *dessinateur et graveur, né à Nanci en 1592, mort en 1635.*

Il quitta de bonne heure la maison paternelle pour se livrer aux arts, suivit à Florence l'école de Cantagallina, dessinateur et graveur à l'eau=forte, et travailla à Rome dans celle de Philippe Thomassin, graveur au burin.

963. Martyre de saint Sébastien.

Peinture à l'huile.

Haut. o m. 16 c. — Larg. o m. 32 c.

964. Des homme tirant des armes.

Quatre dessins à la plume sur le même carton.

Haut. o m. 07 c. — Larg. o m. 09 c. chaque.

965. Fabriques sur les bords d'une rivière qui est couverte de quelques bateaux.

Dessin à la plume.

Haut. o m. 12 c. — Larg. o m. 25 c.

CARON (Antoine), *peintre et dessinateur, vivait au commencement de 1600.*

966. Sacre d'un jeune prince.

Dessin à la plume, lavé sur crayon et rehaussé de blanc.

Haut. o m. 28 c. — Larg. o m. 47 c.

CASANOVA (François), *né à Londres, en 1730, d'une famille italienne, mort à Bruth près Vienne en 1805.*

967. Marche d'animaux, avec figures, dans un pays montagneux.

Dessin lavé à l'encre de Chine et rehaussé de crayon blanc.

Haut. o m. 48 c. — Larg. o m. 30 c.

968. Un cavalier.

Dessin lavé sur crayon.
Haut. o m. 52 c. — *Larg.* o m. 34 c.

969. Un cavalier.

Dessin lavé sur crayon.
Haut. o m. 51 c. — *Larg.* o m. 33 c.

CHAUVEAU (FRANÇOIS), *dessinateur et graveur, né à Paris en 1613, mort en 1676.*

Élève de Laurent de La Hire, il a gravé près de trois mille estampes, en grande partie d'après ses dessins, pour l'ornement de différens ouvrages. Il a été conseiller à l'Académie Royale de Peinture.

970. Sujets divers.

1o Des paysans changés en grenouilles par Latone
Haut. o m. 10 c. — *Larg.* o m. 37 c.

2o Sujet tiré du roman de Pharamond, par Gautier de Costes, Seigneur de la Calprenéde.
Haut. o m. 15 c. — *Larg.* o m. 10 c.

3o Une scène de Mithridate (*tragédie de Racine*).
Haut. o m. 13 c. — *Larg.* o m. 07 c.

4o Sujet composé sur un passage des **Délices de l'Esprit,** ouvrage de Jean Desmarets de Saint-Sorlin, dans lequel il prétend expliquer l'Apocalypse.
Haut. o m. 13 c. — *Larg.* o m. 17 c.

Ces quatre dessins à la plume et lavés sont réunis sur le même carton.

CLERC, *voir* LECLERC.

CLERISSEAU (CHARLES-LOUIS), *architecte, né vers 1719, mort à Auteuil le 19 janvier 1820.*

971. Ruines.

Dessin à la gouache.
Haut. o m. 59 c. — Larg. o m. 46 c.

972. Un bain dans des ruines.

Dessin à la gouache.
Haut. o m. 59 c. — Larg. o m. 46 c.

COCHIN fils (CHARLES-NICOLAS), *dessinateur et graveur, né à Paris en 1715, mort dans la même ville en 1788.*

*Élève de son père, il a, comme Bernard **Picart** en Hollande, et comme Chauveau et Sébastien **Le Clerc** en France, contribué à illustrer les livres de gravures. Cochin fils a exécuté pour l'empereur de la **Chine** une suite de seize grandes estampes des sujets historiques de ces contrées, d'après les dessins des missionnaires Jésuites, dont un d'eux avait pris le titre de premier peintre de l'empereur de la Chine.*

975. Lycurgue blessé dans une sédition.

» Il fit une autre troisième ordonnance nouvelle
» très-belle, par laquelle il voulut et ordonna...
» que les Spartiates mangeassent ensemble de mêmes
» viandes... Ce fut, à ce que l'on dit, l'ordonnance
» qui plus fâcha les riches, entre toutes celles que
» lors établit Lycurgue, et pour laquelle ils crièrent et se
» courroucèrent plus contre lui. Jusqu'à ce que voyant
» qu'ils se ruaient tous ensemble sur lui, il fut cou-
» traint de s'enfouyr de la place. Si gaigna le devant
» et se jetta en franchise dedans une Église, avant que
» les autres le pussent atteindre, excepté un jeune

» homme nommé Alcander, lequel n'était point au
» démourant de mauvaise nature, sinon qu'il était un
» peu prompt à la main en cholére : et poursuyvant
» Lycurgue de plus près que les autres; ainsi comme
» il se cuida retourner devers luy, il lui donna un
» coup de baston sur le visage, dont il luy crevaun œil,
» mais pour cela Lycurgue ne fléchit point, ains se
» présenta la teste levée à ceulx qui le poursuyvoient,
» leur montrant son visage tout ensanglanté, et son
» œil crevé : dont ils eurent si grande honte, qu'il
» n'y eut celui d'eux qui osast ouvrir la bouche pour
» parler contre luy : ains au contraire, luy livrèrent
» entre ses mains Alcander qui l'avait frappé, pour
» en faire punition telle que bon lui semblerait,
» et le convoyèrent tous en sa maison, monstrant,
» qu'ils étoient bien marris de son inconvénient. Ly-
» curgue, en les remerciant, les renvoya et feit entrer
» Alcander en sa maison avec luy, là où il ne luy mes-
» feit ne mesdit jamais d'une parole. » (*Plutarque*,
trad. d'Amyot.)

Ce dessin a été présenté par l'auteur pour sa réception à l'Académie en 1761. Gilles Demarteau en a fait la gravure, et cet ouvrage a été en partie son principal titre pour sa réception en
1764. M R.

Dessin à la sanguine.

Haut. o m. 27 c. — *Larg.* o m. 38 c.

COLIN DE VERMON (HYACINTHE), *ne à Versailles en 1693, mort dans la même ville en 1761.*

Il fut élève de Rigaud, et professeur de l'Académie de Peinture.

974. Le Christ porté au tombeau.

Dessin au crayon, rehaussé de blanc.

Haut. o m. 35 c. — *Larg.* o m. 31 c.

CORNEILLE (JEAN-BAPTISTE), *peintre et graveur, né à Paris en 1646, mort en 1695.*

Il a suivi la même carrière que son frère Michel. La

plus grande partie de ses gravures ont été faites d'après les tableaux des Carrache et d'après ses dessins.

975. Sujet mystique.

On présume que ce dessin allégorique a dû servir de frontispice à quelque recueil de musique religieuse. Sainte Cécile, assise au milieu de la cour céleste, fait sa partie dans le concert angélique, et de jeunes enfans debout, auprès d'un autel, y joignent des accompagnemens.

Dessin à la plume et lavé (Collection Mariette).

Haut. o m. 20 c. — Larg. o m. 14 c.

CORNEILLE (Michel), *peintre et graveur, né à Paris en 1642, mort dans la même ville en 1708.*

Élève de son père Michel Corneille, il étudia principalement en Italie les ouvrages des Carrache, et, de retour en France, il fit des travaux de peinture pour la décoration du château de Chantilly.

976. Repos de la Sainte-Famille.

La Vierge se repose avec l'Enfant-Jésus à l'ombre d'un arbre. Le jeune saint Jean-Baptiste est en prières aux pieds du Sauveur. On aperçoit dans le lointain saint Joseph.

Dessin à la plume et lavé. (Collection Mariette.)

Haut. o m. 17 c. — Larg. o m. 24 c.

977. Sainte Cécile et sa compagne.

Dessin aux crayons noir et blanc.

Haut. o m. 19 c. — Larg. o m. 14 c.

978. Tête de femme.

Dessin aux trois crayons.

Haut. o m. 19 c. — Larg. o m. 16 c.

COYPEL (Antoine), *peintre et graveur, fils et élève de Noel Coypel, né à Paris en 1661, mort en 1722.*

L'ancienne galerie du Palais=Royal avait été peinte par Coypel, et représentait les principaux sujets de l'Énéïde. Cet artiste a fait quelques gravures à l'eau-forte.

979. Tête de Vieillard.

Peinture à l'huile.

Haut. o m. 35 c. — *Larg.* o m. 27 c.

DAVID (Jacques-Louis), *né à Paris en 1750, mort à Bruxelles le 29 décembre 1825.*

Il fut membre de l'Institut et premier peintre de l'empereur Napoléon.

980. Homère endormi.

Deux jeunes filles lui apportent du pain.

Esquisse à l'encre de Chine.

Haut. o m. 3o c. — *Larg.* o m. 43 c.

981. Léonidas avant le combat des Thermopyles.

Dessin à la plume et lavé à l'encre de Chine.

Haut. o m. 29 c.—*Iarg.* o m.

982. Cinq croquis de paysages.

Dessins à l'encre de Chine sur une seule feuille.

Haut. o m. 32 c. — *Larg.* o m. 55 c.

DESHAYES (Jean-Baptiste), *peintre, né en 1729 à Rouen, mort à Paris en 1765.*

Élève de Vanloo, il fut reçu membre de l'Académie Royale de Peinture en 1758.

983. Repos de la Sainte-Famille.

Esquisse à l'huile.

Haut. o m. 33 c. — Larg. o m. 21 c.

984. Tête de vieillard.

Dessin au pastel.

Haut. o m. 48 c. — Larg. o m. 39 c.

985. Etude académique.

Dessin aux crayons noir et blanc.

Haut. o m. 41 c. — Larg. o m. 58 c.

DESPORTES (FRANÇOIS), *peintre, né à Champigneulle en Champagne en 1661, mort à Paris en 1743.*

Il se livra particulièrement à l'étude des animaux et fit plusieurs tableaux de nature morte. Il fut reçu membre de l'Académie Royale de Peinture. — Desportes s'occupait aussi de littérature et fit représenter en 1721, au Théâtre Italien, un ouvrage intitule: La Veuve coquette.

986. Deux chiens de chasse.

Dessin lavé sur crayon.

Haut. o m. 24 c. — Larg. o m. 20 c.

DESPREZ, *architecte, dessinateur et graveur.*

Il fit des dessins pour le Voyage d'Italie, devint architecte du Roi de Suède, et mourut à Stockholm vers la fin du siècle dernier.

987. Intérieur de l'église St-Pierre-du-Vatican, à Rome.

Vue de la croix lumineuse qui y est exposée pendant les derniers jours de la semaine-sainte.

Dessin à la plume et lavé.

Haut. o m. 34 c. — Larg. o m. 24 c.

DORIGNY (Louis), *peintre et graveur à l'eau-forte, né à Paris en 1654, mort à Vérone en 1742.*

Elève de Charles Le Brun, il quitta la France et parcourut l'Italie, où il fit un grand nombre d'ouvrages.

988. La Vierge et l'Enfant-Jésus apparaissent dans les nuages à un souverain.

Il reçoit avec respect cette faveur et l'anneau qu'un oiseau lui apporte dans son bec. Le fond annonce que le lieu de la scène est Venise.

Dessin à la plume et lavé. (Collection Mariette.)

Haut. 0 m. 13 c. — Larg. 0 m. 11 c.

DOYEN (Gabriel-François), *peintre, né à Paris en 1726, mort en 1806.*

Elève de Vanloo, il obtint en 1746 le grand prix de peinture; après avoir passé plusieurs années en Italie, il revint à Paris, où il exécuta son tableau de la mort de Virginie, sur lequel il fut reçu membre de l'Académie en 1758. Il a exécuté les peintures de la chapelle de St-Grégoire aux Invalides, et sur la demande de l'impératrice de Russie (Catherine II), Doyen se rendit, vers 1790, en Russie, où il peignit plusieurs ouvrages pour la décoration des palais impériaux.

989. Première pensée du tableau de sainte Geneviève des Ardènes.

Esquisse coloriée à l'huile.

Haut. 0 m. 32 c. — Larg. 0 m. 20 c.

DUBREUIL (Toussaint), *peintre, mort vers l'an 1604.*

Il peignit à la fresque, dans les galeries du palais de Fontainebleau, des sujets tirés de l'histoire d'Hercule ; et, de concert avec Bunel, il fit les peintures de la voûte de la petite galerie du Louvre. (*)

990. Jésus crucifié entre les deux larrons.

A ses pieds, la Vierge évanouie reçoit les secours des Saintes-Femmes, et les soldats s'emparent des vêtemens du Sauveur.

Dessin au crayon noir, rehaussé de blanc.

Haut. o m. 31 c. — Larg. o m. 38 c.

DUMONT (Jean), *dit* le Romain, *peintre, né à Paris en 1700, mort dans la même ville en 1781.*

Il fut reçu membre de l'Académie royale de Peinture.

991. Figure académique.

Dessin à la sanguine.

Haut. o m. 15 c. — Larg. o m. 24 c.

992. Un homme renversé sur le dos.

Dessin à la sanguine.

Haut. o m. 15 c. — Larg. o m. 24 c.

DUMOUTIER (Daniel), *artiste antérieur au peintre de même nom, connu sous le règne de Louis XIV par ses portraits au pastel.*

993. Jésus, assis sur son trône, se montre au

─────────────────────

(*) Cette galerie appelée autrefois la Petite Galerie du Louvre, et connue aujourd'hui sous le nom de Galerie d'Apollon, fut brûlée en 1650 ; elle a été depuis rétablie sans que la décoration en ait été entièrement achevée. Le Brun y a fait quelques travaux de peinture.

milieu de sa gloire aux bienheureux admis dans la Cité céleste.

Cet ouvrage est partagé en dix compartimens, et paraît avoir servi de modèle aux peintures sur verre d'une fenêtre d'édifice religieux.

Dessin à la plume et lavé.
Haut. o m. 48 c. — Larg. o m. 38 c.

994. Composition en dix compartimens, dont les cinq supérieurs représentent différentes actions de laVierge, et les autres Jésus resplendissant de lumière au milieu des élus.

Dessin a la plume et lavé.
Haut. o m. 48 c. — Larg. o m. 3S c.

995. Tête de religieuse.

Dessin légèrement estompé et terminé aux crayons noir et rouge.
Haut. o m. 25 c. — Larg. o m. 21 c.

DUMOUTIER, *peintre de portraits au pastel.*

On ignore ses prénoms , les dates de sa naissance et de sa mort (*).

996. Portrait présumé de Jean-Louis de Noga-

(*) Dumoutier eut un fils du nom de Nicolas, également peintre de portraits, né à Paris en 1617 , et mort en 1669. Avant de partir pour l'Italie, où il se trouvait encore en 1648 , Nicolas Dumoutier fit un voyage dans les Pays-Bas , où il vendit à l'archiduchesse Isabelle-Claire-Eugénie un grand nombre de portraits au pastel faits par son père , et qui représentaient des seigneurs et des dames de la cour de France.

ret de la Valette, duc d'Épernon, né en 1554, mort en 1642.

Dessin aux crayons rouge et noir et au pastel.
Haut. o m. 14 c. — Larg. o m. 10 c.

997. Portrait de Henri de Lorraine, duc de Guise, dit le Balafré, né le 31 décembre 1550, mort le 23 décembre 1588.

Dessin légèrement estompé et terminé aux crayons noir et rouge.
Haut. o m. 28 c. — Larg. o m. 18 c.

998. Portrait de Jacques du Faur de Morsan, conseiller au parlement de Toulouse.

Il fut écrasé sous les ruines d'une église où il faisait ses prières ; il était le fils aîné de Pierre du Faur de S.-Jorris, premier président au parlement de Toulouse, qui mourut en 1600, en prononçant un arrêt.

Dessin au crayon noir mêlé de pastel, fait en 1608.
Haut. o m. 35 c. — Larg. o m. 26 c.

999. Portrait d'une religieuse âgée de 68 ans.

Dessin fait en octobre 1615.
Haut. o m. 38 c. — Larg. o m. 30 c.

1000. Portrait d'un homme à demi-chauve.

Dessin au crayon noir estompé.
Haut. o m. 32 c. — Larg. o m. 23 c.

1001. Portrait d'un homme à demi-chauve dont le cou est orné d'une fraise.

Dessin au crayon noir et au pastel estompé.
Haut. o m. 15 c. — Larg. o m. 11 c.

1002. Portrait d'une dame âgée.

Dessin aux crayons rouge et noir estompé.
Haut. o m. 32 c. — Larg. o m. 23 c.

1003. Tête d'homme vue de trois quarts.

Dessin au crayon noir mêlé de pastel.
Haut. o m. 27 c. — *Larg.* o m. 19 c.

1004. Tête d'homme demi-chauve.

Dessin aux crayons rouge et noir et au pastel.
Haut. o m. 32 c. — *Larg.* o m. 23 c.

1005. Tête de jeune homme.

Dessin aux crayons rouge et noir et au pastel.
Haut. o m. 26 c. — *Larg.* o m. 21 c.

1006. Tête de femme.

Dessin aux crayons rouge et noir et au pastel.
Haut. o m. 28 c. — *Larg.* o m. 22 c.

1007. Un vieillard.

Dessin aux crayons rouge et noir et au pastel.
Haut. o m. 17 c. — *Larg.* o m. 12 c.

ERRARD (CHARLES), *architecte et peintre d'histoire, né
à Nantes en 1606, mort à Rome en 1689.*

*Directeur des académies de Rome et de Paris, il di-
rigea les travaux de peinture qui se firent au Louvre sous
le règne de Louis XIII. — Errard a élevé le dôme de l'é-
glise de l'Assomption, à Paris.*

1008. Portrait de Rolland Fréard de Chambray.

Dessin à la sanguine.
Haut. o m. 10 c. — *Larg.* o m. 08 c.

FAGE, *voir* LAFAGE.

FOREST (JEAN), *né à Paris en 1636, mort dans la même ville en 1712; élève de Pierre=François Mola.*

1009. Vue des bords de la mer ornés de fabriques.

Dessin à la plume et lavé.
Haut. o m. 13 c. — Larg. o m. 30 c.

FOSSE, *voir* LAFOSSE.

FRAGONARD (NICOLAS), *peintre, né à Paris vers 1732, mort dans la même ville en 1806.*

Elève de Boucher, il remporta le grand prix et se rendit à Rome; à son retour, il fut reçu membre de l'Académie de Peinture.

1010. Tête d'Asiatique.

Dessin au lavis.
Haut. o m. 34 c. — Larg. o m. 25 c.

1011. La lecture.

Dessin lavis.
Haut. o m. 28 c. — Larg. o m. 21 c.

1012. Jardin italien.

Dessin au crayon rouge.
Haut. o m. 38 c. — Larg. o m. 33 c.

GIRARDON (FRANÇOIS), *sculpteur, né à Troyes en 1627 ou 1630, mort à Paris en 1715.*

Elève de Lebrun, ses premiers essais lui méritèrent la protection de Louis XIV, qui l'envoya étudier la sculp-

ture à Rome. A son retour, en 1657, il fut reçu membre de l'académie et nommé chancelier en 1695. Après la mort de Le Brun, il fut nommé inspecteur-général des sculptures de France. Girardon a exécuté pour les jardins des palais de Versailles et des Tuileries un grand nombre de groupes et statues.

1013. Statue de Louis XIV amenée sur la place Vendôme.

Dessin lavé sur crayon.

Haut. o m. 62 c. — *Larg.* o m. 48 c.

GREUZE (Jean-Baptiste), *peintre, né à Tournus en 1726, mort en 1805.*

Il fut élève de Grandou, peintre en miniature.

1014. Une femme debout étendant les mains.

Dessin à la sanguine.

Haut. o m. 49 c. — *Larg.* o m. 32 c.

1015. Une femme.

Dessin à la sanguine.

Haut. o m. 40 c. — *Larg.* o m. 30 c.

1016. Tête de vieillard.

Dessin à la sanguine.

Haut. o m. 36 c. — *Larg.* o m. 19 c.

1017. Tête de jeune fille. Étude.

Dessin à la sanguine.

Haut. o m. 26 c. — *Larg.* o m. 21 c.

1018. Tête d'enfant. Étude.

Dessin à la sanguine.

Haut. o m. 24 c. — *Larg.* o m. 20 c.

GROS (Antoine-Jean, baron), *né à Paris le 16 mars 1771, mort dans la même ville le 26 juin 1835.*

Élève de David, il a été membre de l'Institut, chevalier de l'ordre de St-Michel, officier de l'ordre de la Légion-d'Honneur et baron en 1824.

1019. François Ier et Charles-Quint visitant les tombeaux de Saint-Denis.

Dessin à la plume.

Haut. o m. 41 c. — Larg. o m. 26.

GUÉRIN (Pierre, baron), *né à Paris le 13 mars 1774, mort à Rome le 10 janvier 1833.*

Élève de Regnauld; après avoir remporté le grand prix de peinture, il termina ses études à Rome, fut membre de l'Institut, chevalier de l'ordre de St-Michel, directeur de l'académie de France à Rome, officier de l'ordre de la Légion-d'Honneur et baron.

1020. Mort de Priam.

Dessin à la plume et rehaussé de blanc.

Haut. o m. 50 c. — Larg. o m. 71 c.

1021 Sujet de Daphnis et Chloé.

Dessin à la plume et lavé.

Haut. o m. 26 c. — Larg. o m. 31 c.

1022. Autre sujet de Daphnis et Chloé.

Dessin a la plume.

Haut. o m. 26 c. — Larg. o m. 31 c.

Ces trois dessins ont été donnés au Musée Royal par les élèves légataires de Pierre Guérin.

GUILLEMOT (Charles-Alexandre). *né à Paris le 7 octobre 1786, mort dans la même ville le 18 novembre 1831.*

D'abord élève d'Alais, il étudia ensuite dans l'école de David, et fut pensionnaire à l'Académie de France, après avoir remporté le grand prix de peinture.

1023. Le jugement dernier.

Dessin fait à Rome en 1812 d'après Michel-Ange.
Haut. 1 m. 40 c. — *Larg.* 1 m. 20 c.

GUYARD (née LABILLE, depuis Mme VINCENT, plus connue sous le nom de Mme), *née en 1749 à Paris, morte en 1803 dans la même ville.*

Elle était élève de François-Elie Vincent, peintre en miniature, et de La Tour, peintre au pastel.

1024. Portrait de madame Adélaïde de France, fille aînée de Louis XV, née à Versailles en 1730, morte à Trieste en 1800.

Dessin au pastel.
Haut. 0 m. 74 c. — *Larg.* 0 m. 60 c.

1025. Portrait de madame Victoire (Marie-Louise-Thérèse-Victoire de France), cinquième fille de Louis XV, roi de France, née à Versailles en 1733, morte à Trieste en 1798.

1026. Portrait de J.-J. Bachelier, peintre, né en 1724, mort en 1805.

Il a été directeur de la Manufacture royale de porcelaine de Sèvres.

Dessin au pastel.
Haut. 0 m. 60 c. — *Larg.* 0 m. 48 c.

1027. Portrait d'Augustin Pajou, statuaire, né à Paris en 1730, mort dans la même ville en 1809.

Dessin au pastel.
Haut. 0 m. 75 c. — *Larg.* 0 m. 63 c.

1028. Portrait de François - André Vincent, peintre d'histoire, né en 1746 à Paris, mort dans la même ville en 1816.

Dessin au pastel.

Haut. o m. 60. — *Larg.* o m. 48.

1029. Portrait de M. de Beaufort, peintre.

Dessin au pastel.

Haut. o m. 60. — *Larg.* o m. 48 c.

HOUEL (J.-P.-L.-L.), *peintre et graveur, né à Rouen en 1735, mort à Paris en 1813.*

Élève de Casanova pour la peinture et de Lemire pour la gravure.

1030. Vue du côté du nord de la ville de Naples.

Dessin à la gouache.

Haut. o m. 26 c. — *Larg.* o m. 75 c.

1031. Vue du côté du midi de la ville de Naples.

Dessin à la gouache.

Haut. o m. 26 c. — *Larg.* o m. 75 c.

1032. Vue du lac d'Averne, près de Baies.

Dessin à la gouache.

Haut. o m. 26 c. — *Larg.* o m. 43 c.

1033. Vue de la façade de l'hôtel royal des Invalides, et du dôme de l'église, prise du côté de l'École-Militaire.

Dessin à la gouache.

Haut. o m. 44 c. — *Larg.* o m. 69 c.

HUET (Jean-Baptiste), *peintre d'animaux, élève de J.-B. Leprince.*

Il exposait en 1800.

1034. Une pastorale.

Grisaille à l'huile.
Haut. 0 m. 43 c. — Larg. 0 m. 53 c.

INCONNU.

1035. Un prophète.

Dessin aux trois crayons et lavé.
Haut. 0 m. 50 c. — Larg. 0 m. 30 c.

1036. Jésus sur la croix.

Camaïeu à l'huile.
Haut. 0 m. 13 c. — Larg. 0 m. 16 c.

1037. Sainte Marie Madeleine au sépulcre.

Camaïeu à l'huile.
Haut. 0 m. 27 c. — Larg. 0 m. 18 c.

1038. Saint François en prière.

Camaïeu à l'huile.
Haut. 0 m. 26 c. — Larg. 0 m. 18 c.

1039. Junon.

Camaïeu à l'huile.
Haut. 0 m. 24 c. — Larg. 0 m. 19 c.

1040. Rénée de France, duchesse de Ferrare, fille de Louis XII et de Jeanne de France, née en 1510, morte en 1575.

Dessin aux trois crayons.
Haut. 0 m. 25 c. — Larg. 0 m. 17 c.

1041. Rénée de France, duchesse de Ferrare, fille de Louis XII et de Jeanne de France.

Dessin aux trois crayons.
Haut. 0 m. 26 c. — Larg. 0 m. 18 c.

11

1042. Portrait de François Ier, Roi de France.

Dessin aux trois crayons.

Haut. o m. 28 c. — Larg. o m. 20 c.

1043. La reine Claude, première femme de François Ier, roi de France.

Dessin aux trois crayons.

Haut. o m. 26 c. — Larg. o m. 18 c.

1044. Charles, duc d'Orléans, de Bourbon et d'Angoulême, troisième fils de François Ier, roi de France, et de Claude de France, né le 22 janvier 1522, mort le 9 septembre 1545.

Dessin aux trois crayons.

Haut. o m. 24 c. — Larg. o m. 18 c.

1045. Éléonore d'Autriche, seconde femme de François Ier, roi de France.

Dessin aux trois crayons.

Haut. o m. 26 c. — Larg. o m. 17 c.

1046. Louis IIe du nom, sire de la Trémouille, né en 1460, tué à la bataille de Pavie, le 24 février 1524.

Dessin aux trois crayons.

Haut. o m. 33 c. — Larg. o m. 21 c.

1047. Portrait présumé celui de Henri III, roi de France.

Dessin aux trois crayons.

Haut. o m. 35 c. — Larg. o m. 24 c.

1048. Portrait de Louis de France, duc de Bour-

gogne, Dauphin, fils aîné de Louis de
France, Dauphin (le grand Dauphin), et de
Marie-Anne-Christine-Victoire de Bavière,
né à Versailles, le 6 août 1682, mort le 18
février 1712.

1049. Portrait de Philippe de France, duc d'An-
jou, depuis Philippe V, roi d'Espagne, second fils de Louis de France, Dauphin (le
grand Dauphin), et de Marie - Anne-
Chistine-Victoire de Bavière, né à Versailles, le 19 décembre 1683, mort le 9
juillet 1746.

1050. Portrait de Charles de France, duc de
Berry, troisième fils de Louis de France,
Dauphin (le grand Dauphin), et de Marie-
Anne-Christine-Victoire de Bavière, né à
Versailles le 31 août 1686, mort le 4 mai
1714.

1051. Portrait de Louis XV, roi de France, fils
de Louis de France, duc de Bourgogne,
Dauphin, et de Marie-Adélaïde de Savoie,
né à Versailles, le 15 février 1710, mort
le 10 mai 1774.

1052. Portrait de Marie Leczinska, reine de
France, fille de Stanislas Leczinski, roi

de Pologne, duc de Lorraine et de Bar, et de Catherine, comtesse de Bnin Opalinska, née à Posen le 23 juin 1703, morte le 24 juin 1768.

1053. Portrait de Louis de France, Dauphin, fils de Louis XV, roi de France, et de Marie Leczinska, né à Versailles le 4 septembre 1729, mort le 20 décembre 1765.

1054. Le même dans un âge plus avancé.

1055. Portrait de Marie-Josèphe de Saxe, Dauphine de France, fille de Frédéric-Auguste II, roi de Pologne, et de Marie-Josèphe-Bénédicte-Antoinette-Thérèse-Xavier-Philippine, archiduchesse d'Autriche, née à Dresde le 4 novembre 1731, morte le 13 mars 1767.

1056. Portrait de Louis-Joseph-Xavier de France, duc de Bourgogne, fils aîné de Louis de France, Dauphin, fils de Louis XV, et de Marie-Josèphe de Saxe, sa deuxième femme, né le 13 septembre 1751, mort le 22 mars 1761.

1057. Portrait de Gustave III, roi de Suède, fils d'Adolphe-Frédéric et de Louise Ulrique, né à Stockholm le 24 janvier 1746, mort le 29 mars 1792.

1058. Portrait de Charles Gravier, comte de Vergennes, ministre secrétaire-d'état au département des affaires étrangères depuis 1774 jusqu'à sa mort, né à Dijon en 1717, mort le 13 février 1787.

1059. Portrait de Louis-Charles-Auguste Letonnelier, baron de Breteuil, ministre de la navigation du roi Louis XVI depuis 1783 jusqu'en 1788, né à Preuilly le 17 mars 1730, mort le 2 novembre 1807.

1060. Portrait de Lavater (Jean-Gaspard), pasteur et membre du consistoire de Zurich, physiologiste, auteur du système physiognomique, né à Zurich le 15 novembre 1741, et mort le 2 janvier 1801.

1061. Portraits.

Tous les portraits depuis le n° 1048 jusqu'au n° 1061, sont dessinés au pastel.

1062. Tête de vieillard.

Peinture à l'huile.

Haut. 0 m. 33 c. — *Larg.* 0 m. 23 c.

1063. Vue de l'église et du dôme des Invalides

Dessin à l'aquarelle.

Haut. 0 m. 17 c. — *Larg.* 0 m. 27 c.

1064. Tête de cheval.

Peinture à l'huile.

Haut. o m. 27 c. — Larg. o m. 40 c.

JEAURAT (Etienne).

1065. Portrait de Nicolas Dorigny.

Dessin à la sanguine.

Haut. o m. 24 c. — Larg. o m. 17 c.

1066. Deux vaches.

Camaïeu.

Haut. o m. 15 c. — Larg. o m. 14 c.

LAFAGE (Raimond), *dessinateur et graveur. Les biographes ne sont pas d'accord sur les dates de sa naissance et de sa mort. Il paraît cependant qu'il vivait encore en 1680, et qu'il mourut à Lyon.*
Il avait étudié sous Pierre-Antoine Rivalz.

1067. La chuté des esprits pervers.

Portion de dessin à la plume et lavé.

Haut. o m. 70 c. — Larg. o m. 33 c.

1068. Dessins faisant partie de la composition représentant la chute des esprits pervers.

Dessins à la plume et lavés.

1069. Jonas est jeté sur le bord de la mer par le poisson qui l'avait englouti et gardé trois jours dans ses entrailles.

Dessin à la plume et lavé.

Haut. o m. 24 c. — Larg. o m. 37 c.

1070. Raimond reçoit du pape Urbain II l'habit de croisé.

Raimond, comte deToulouse, s'engage dans la guerre sainte pour aller délivrer Jérusalem du joug des infidèles, et reçoit des mains du pape Urbain II la casaque de croisé.

Ce sujet a été gravé par Ereinger.

Dessin à la plume et lavé.

Haut. o *m.* 42 *c.* — *Larg.* o *m.* 59 *c.*

1071. Une bacchanale.

Dessin à la plume et lavé.

Haut o *m.* 10 *c.* — *Larg.* o *m.* 35 *c.*

LAFOSSE (CHARLES), *peintre, né à Paris en 1640, mort dans la même ville en 1716.*

Elève de Charles le Brun, il voyagea en Italie, étudia à Venise les ouvrages du Titien et de Paul Véronèse. Il fit plusieurs tableaux pour les églises de Paris, et peignit la coupole des Invalides.

1072. Éducation de l'Amour, projet de plafond.

L'assemblée des Muses dans l'Olympe, présidée par Mnémosyne; à gauche Mercure montre à lire à l'Amour; et à droite, Pallas avec les clés du temple de l'Immortalité : les rayons lumineux qui jaillissent de son bouclier renversent l'Ignorance et découvrent la Vérité.

Dessin lavé sur crayon et rehaussé de blanc.
(Collection Mariette.)

Haut. o *m.* 30 *c.* — *Larg.* o *m.* 74 *c.*

LA HIRE (LAURENT DE), *peintre et graveur à l'eau-forte, né à Paris en 1606, mort dans la même ville en 1656.*

Il était élève de son père, Étienne de La Hire.

1073. Jésus apparaît aux saintes femmes après sa résurrection.

Dessin lavé sur crayon. (Collection Mariette.)
Haut. o m. 36 c. — Larg. o m. 23 c.

1074. Saint Jean l'Évangéliste dans l'île de Patmos.

Dessin à la sanguine (Collection Mariette.)
Haut. o m. 35 c — Larg. o m. 23 c.

LARGILLIÈRE (Nicolas), *peintre de portraits, né à Paris en 1656, mort dans la même ville en 1746.*

Élève d'Antoine Goubeau, peintre d'Anvers, il se rendit à l'âge de dix-huit ans à Londres, pour y faire le portrait du roi Jacques II.— Largillière, qui fut membre de l'Académie Royale de Peinture de Paris, a toujours été classé parmi les peintres de l'école française.

1075. Plusieurs magistrats revêtus de robes rouges.

Esquisse à l'huile.
Haut. o m. 29 c. — Larg. o m. 18 c.

LA RUE (DE). *On ne connaît pas la date de sa naissance et celle de sa mort; on sait seulement qu'il vivait en 1751.*

1076. L'adoration des mages.

Dessin à la plume et lavé.
Haut. o m. 40 c. — Larg. o m. 28 c.

1077. Translation à Liége du corps de saint Lambert, évêque de Tongres.

Dessin à la plume et lavé.

Haut. o m. 16 c. — Larg. o m. 49 c.

LA TOUR (Maurice-Quentin de), *peintre de portraits, né à St.-Quentin en 1704, mort dans la même ville en 1788.*

Il a fondé à l'Académie des Beaux=Arts un prix pour la peinture du torse.

1078. Portrait du maréchal de Saxe, né en 1696, mort en 1750.

Dessin au pastel.

Haut. o m. 59 c. — Larg. o m. 49 c.

1079. Portrait en pied de la marquise de Pompadour, née en 1722, morte en 1764.

Dessin au pastel.

Haut. 1 m. 80 c. — Larg. 1 m. 33 c.

1080. Portrait de J.-B.-Siméon Chardin, peintre, né en 1699, mort en 1779.

Dessin au pastel.

Haut. o m. 45 c. — Larg. o m. 37 c.

LAULNE (Étienne de), *orfèvre, dessinateur et graveur, né à Orléans en 1518 ou 1520   vivait à Strasbourg en 1590.*

Il est souvent désigné par son   :enom latinisé

11*

Stefanus. Il gravait ordinairement d'après ses des-
sins.

1081. Actions les plus remarquables de la vie de
Samson.

  « 1º Samson se désaltère avec l'eau jaillissante de la
» mâchoire d'âne qui lui a servi à tuer mille Philistins.

  » 2º Il déchire un lion.

  » 3º Il attache des flambeaux à la queue de trois
» cents renards liés l'un à l'autre pour mettre le feu aux
» moissons, aux vignes et aux plants d'oliviers des Phi-
» listins.

  » 4º Il est trahi par Dalila, qui lui coupe les cheveux.

  » 5º Il renverse les deux colonnes de la maison où
» il était exposé aux insultes de trois mille Philistins;
» écrasé sous les débris, il en fait mourir beaucoup plus
» qu'il n'en avait tué pendant sa vie.

  Ces cinq sujets sont encadrés par des ornemens variés.

Dessin de forme ronde, à la plume et lavé. (Collection Mariette.)
Diam. 0 m. 28 c.

LAVALLÉ-POUSSIN, *peintre.*

Il vivait en 1789.

1082. Des moines distribuant la soupe aux
pauvres.

Dessin à la plume et lavé.
Haut. 0 m. 27 c. — Larg. 0 m. 21 c.

1083. Groupe de figures à genoux.

Dessin à la plume et lavé.
Haut. 0 m. 14 c. — Larg. 0 m. 18 c.

LE BRUN (Charles), *peintre, né à Paris en 1619, mort en 1690.*

Elève de son père qui était sculpteur, et de Vouet, il termina ses études en Italie, où il reçut les conseil du Poussin. A son retour en France, il fut chargé de nombreux travaux pour la décoration des palais royaux. Premier peintre du Roi sous le règne de Louis XIV, il fut un des premiers membres de l'Académie Royale de Peinture, établie d'abord en 1648 et réorganisée en 1663.

1084. Triomphe de la Religion.

Dessin de forme cintrée, lavé sur crayon.

Haut. o m. 48 c. — *Larg.* o m. 74 c.

1085. Baptême de saint Eustache et de sa famille.

Placide obéit à la voix miraculeuse qu'il avait entendue à la chasse, se fait baptiser avec toute sa famille, et reçoit le nom d'Eustache au lieu de celui de Placide qu'il avait porté jusqu'alors.

Dessin lavé sur crayon.

Haut. o m. 48 c. — *Larg.* o m. 75 c.

1086. Martyre de saint Eustache et de sa famille.

L'empereur Adrien fait jeter Eustache, sa femme et ses enfans, qui avaient refusé de sacrifier aux faux dieux, dans un taureau d'airain sous lequel on allume un feu ardent. Ils y restèrent trois jours et y moururent sans être atteints par le feu.

Les sujets de ces deux dessins ont été empruntés aux légendaires.

Dessin lavé sur crayon.

Haut. o m. 48 c. — *Larg.* o m. 75 c.

1087. Une tête de chérubin.

Étude pour la peinture que Le Brun a exécutée sur la voûte de la chapelle de Sceaux.

Dessin aux trois crayons. (Collections Boulle et Mariette.)

Haut. o m. 28 c. — *Larg.* o m. 29 c.

1088. Mort de Darius, roi de Perse.

Victime d'une infâme trahison, il fut trouvé par hasard dans un lieu écarté, le corps percé de javelots et couché sur son char. Réduit à recevoir les derniers secours d'un Macédonien, ce puissant Roi de l'Asie charge Polystrate de remercier Alexandre d'avoir sauvé la vie à sa mère, à sa femme, à ses enfans, et de leur avoir conservé tout l'éclat de leur première splendeur; « puis, lui prenant la main : Touche pour moi dans la » main d'Alexandre (lui dit-il) comme je touche dans » la tienne, et porte lui de ma part ce seul gage que je » puis lui donner de mon affection et de ma reconnais-» sance. En finissant ces mots, il expira. Alexandre » arrive auprès de lui dans le moment : en voyant le » corps de Darius, il pleure amèrement, et par les » marques de la douleur la plus sensible fait voir » combien il était touché de l'infortune de ce prince » qui méritait un meilleur sort. Il détacha sa cotte » d'armes, et la jeta sur le corps de Darius. » (ROLLIN.)

Dessin lavé sur crayon.

Haut. o m. 36 c. — Larg. o m. 95 c.

1089. Mort d'Alexandre.

« Quelque faible qu'il fût, il fit un effort, et, se sou-» tenant sur le coude, il donna sa main mourante à » baiser à ses soldats, à qui il ne put refuser cette der-» nière marque d'amitié. Puis, comme les grands de » la cour lui demandèrent à qui il laissait l'empire, il » répondit : Au plus digne; ajoutant qu'il prévoyait » que sur ce différent on lui préparerait d'étranges » jeux funèbres. Et Perdiccas lui ayant demandé » quand il voulait qu'on lui rendît les honneurs divins : » Lors, dit-il, que vous serez heureux. Ce furent ses » dernières paroles, et bientôt après il rendit l'esprit. » Il avait vécu 32 ans et 8 mois et en avait régné 12. »

(ROLLIN.)

Dessin lavé sur crayon.

Haut. o m. 51 c. — Larg. o m. 75 c.

Ces deux dessins sont les compositions des deux derniers tableaux qui devaient compléter la suite des sujets tirés de la vie d'Alexandre, peints par Le Brun. Plusieurs de ces ouvrages font partie des tableaux de la galerie du Musée Royal. Cinq de ces compositions ont été gravées par G. Audran et Edelinck. La 6e représentant la défaite de Porus l'a été par Bernard Picard.

M. R.

1090. Tête d'étude d'Alexandre.

Pour le sujet de *la Tente de Darius*.

Dessin au pastel.
Haut. o m. 42 c. — *Larg.* o m. 29

1091. Autre tête d'étude d'une jeune femme de la suite de Sysigambis.

Pour le sujet de *la Tente de Darius*.

Dessin au pastel.
Haut. o m. 40 c. — *Larg.* o m. 30 c.

1092. Tête d'étude d'une jeune femme de la suite de Sysigambis.

Pour le sujet de *la Tente de Darius*.

Dessin au pastel.
Haut. o m. 40 c. — *Larg.* o m. 30 c.

1093. Tête d'étude d'Alexandre.

Pour le sujet de *l'Entrée dans Babylone*.

Dessin au pastel.
Haut. o m. 42 c. — *Larg.* o m. 29 c.

1094. Bataille de Constantin contre Maxence.

Dessin au bistre, rehaussé de blanc.
Haut. o m. 73 c. — *Larg.* 1 m. 85 c.

1095. Premier projet pour le plafond de la galerie de Versailles.

Les travaux d'Hercule, son apothéose, etc., y sont représentés.

« Si l'on en croit Nivelon, auteur d'une vie de Le Brun restée
» manuscrite, la plupart des sujets offraient des allusions aux diffé-
» rentes guerres que Louis XIV avait eues à soutenir contre l'Alle-
» magne, l'Espagne et la Hollande. Le projet fut accepté ; Le Brun
» en commença les études. Il comptait avoir servi le monarque sui-
» vant son goût en employant les similitudes que les courtisans
» depuis sa naissance n'avaient cessé de trouver entre le roi et le
» dieu de la fable. Louis XIV, loin de partager leur sentiment,
» fit suspendre les travaux et ordonna à l'artiste de lui présenter
» un autre plan où les actions de son règne seraient représentées
» historiquement. »

Dessin à la plume et colorié à l'aquarelle.

Haut. 0 m. 45 c. — Larg. 1 m. 85 c.

1096. Réception du légat par Louis XIV.

La garde corse du Pape avait insulté le duc de Cré-
qui, ambassadeur de Louis XIV auprès du Saint-Siége,
et le monarque avait exigé une réparation éclatante
dont les conditions furent réglées à Pise. « En exécu-
» tion du traité, le cardinal Ghigi, neveu du Pape
» Alexandre VII, vint en France en qualité de legat
» pour faire satisfaction au roi. Il fit son entrée le 9
» août 1664 et fut reçu avec tous les honneurs qu'il
» pouvait désirer. Le cardinal impérial, qui était gou-
» verneur de Rome dans le temps de l'insulte faite à
» notre ambassadeur, demanda pardon en personne au
» roi, et toutes les conditions du traité, qui devaient
» paraître fort dures aux Romains, furent exécutées. »

(DANIEL.)

Dessin lavé sur crayon.

Haut. 0 m. 48 c. — Larg. 0 m. 75 c.

1097. Louis XIV visite la manufacture royale des Gobelins.

Dessin au crayon noir.

Haut. 0 m. 58 c. — Larg. 0 m. 93 c.

1098. Études désignées plus ordinairement sous le nom de cartons.

1099. Portrait de Louis XIV vu de profil.

Dessin au pastel.

Haut. o m. 5o c. — *Larg.* o m. 39 c.

1100. Autre portrait de Louis XIV vu de profil.

Dessin au pastel.

Haut. o m. 5o c. — *Larg.* o m. 39 c.

1101. Portrait de Marguerite d'Aubray, marquise de Brinvilliers.

Ce portrait a été fait d'après nature, au moment où **elle allait subir** son jugement (en 1676).

Dessin aux trois crayons sur papier gris.

Haut. o m. 31 c. — *Larg.* o m.   c.

LE CLERC (Sébastien), *dessinateur et graveur, né à Metz en 1637, mort en 1714.*

Élève de son père, dessinateur et orfèvre, il avait étudié l'architecture, les mathématiques et la perspective. Sébastien Leclerc a fait un grand nombre de gravures d'après ses dessins, et fut membre et professeur à l'Académie Royale de Peinture. On connaît de lui quelques ouvrages sur les sciences.

1102. L'arrivée de saint Augustin en Angleterre.

Dessin aux crayons noir et blanc.

Haut. o m. o8 c. — *Larg.* o m. 14 c.

1103. Le supplice de Jean Hus.

Dessin lavé sur crayon.

Haut. o m. o8 c. — *Larg.* o m. 14 c.

1104. Le roi Charles VIII servant le Pape à la messe.

Dessin au crayon noir et rehaussé de blanc.
Haut. o m. 08 c. — Larg. o m. 14 c.

1105. Colloque de Pise.

Dessin au crayon noir et rehaussé de blanc.
Haut. o m. 08 c. — Larg. o m. 14 c.

1106. Assassinat de saint Charles.

Dessin an crayon noir et rehaussé de blanc.
Haut. o m. 08 c. — Larg. o m. 14 c.

1107. L'église de Saint-Martin-de-Tours dépouillée par les Calvinistes.

Dessin au crayon noir et rehaussé de blanc.
Haut. o m. 08 c. — Larg. o m. 14 c.

1108. Henri VIII fait offrir au pape Léon X un ouvrage contre Luther.

Dessin au crayon noir et rehaussé de blanc.
Haut. o m. 08 c. — Larg. o m. 14 c.

1109. Charles-Quint couronné empereur à Bologne.

Dessin au crayon noir et rehaussé de blanc.
Haut. o m. 08 c. — Larg. o m. 14 c.

1110. Saint François Xavier va prêcher la religion chrétienne aux Indes.

Dessin au crayon noir et rehaussé de blanc.
Haut. o m. 08 c. — Larg. o m. 14 c.

1111. Session du Concile de Trente.

Dessin au crayon noir et rehaussé de blanc.
Haut. o m. o8 c. — *Larg.* o m. 14 c.

1112. Soumission de l'Angleterre au Saint-Siége sous le règne de Marie.

Dessin au crayon noir et rehaussé de blanc.
Haut. o m. o8 c. — *Larg.* o m. 14 c.

1113. Henri II, roi de France, reçoit l'épée bénite.

Dessin au crayon noir et rehaussé de blanc.
Haut. o m. o8. c. — *Larg.* o m. 14 c.

1114. Un concile.

Le calvaire, qu'on aperçoit dans le fond, semblerait indiquer qu'il fut tenu à Jérusalem.

Dessin à la sanguine.
Haut. o m. 11 c. — *Larg.* o m. 19 c.

1115. Un festin selon l'usage des anciens Romains.

Dessin à la sanguine.
Haut. o m. o9 c. — *Larg.* o m. 17 c.

LENAIN, *né à Laon vers la fin du XVIe siècle, mort au commencement de l'année* 1648.

1115 bis. Deux femmes assises.

Dessin lavé sur crayon.
Haut. o m. 41 c. — *Larg.* o m. 29 c.

LE PAUTRE (JEAN), *dessinateur et graveur à l'eau-forte, né en* 1617, *mort en* 1682.

Il fut membre de l'Académie Royale de Sculpture en 1677.

1116. Une Renommée et deux Génies.

Composition pour l'ornement d'un plafond.

Dessin fait au lavis.

Haut. o m. 37 c. — *Larg.* o m. 66 c.

LÉPICIÉ (Nicolas-Bernard), *peintre, né en* 1735, *mort en* 1784.

Élève de Carle Vanloo, il fut membre et secrétaire perpétuel de l'Académie Royale de Peinture (*) et peintre ordinaire du Roi.

1117. Tête d'homme.

Dessin lavé sur sanguine.

Haut. o m. 28 c. — *Larg.* o m. 21 c.

LEPRINCE (Jean), *peintre et graveur, né à Metz en* 1733, *mort en* 1781.

Élève de Boucher, il se livra particulièrement à l'étude du paysage, et grava à la pointe. Il se rendit en Russie vers 1759, *et à son retour en France, il fut reçu membre de l'Académie Royale de Peinture en* 1764.

1118. Fabrique russe.

Sur le devant on voit plusieurs pêcheurs dans un bateau.

Dessin à la plume et lavé au bistre.

Haut. o m. 32 c. — *Larg.* o m. 21 c.

1119. Une femme assise portant un costume étranger.

Dessin aux trois crayons et au pastel.

Haut. o m. 51 c. — *Larg.* o m. 52 c.

(*) Lépicié a publié en 1752, au nom de l'Académie, un ouvrage intitulé : *Vie des premiers Peintres du Roi* , *depuis Le Brun jusqu'à présent.*

1120. Traîneaux russes.

Dessin à la plume et lavé.

Haut. o m. 19 c. — *Larg.* o m. 22 c.

1121. Une dame russe assise tenant un livre à la main.

Dessin aux crayons rouge et noir.

Haut. o m. 31 c. — *Larg.* o m. 23 c.

LESPINASSE (L.-N. DE), *né à Pouilly (Nièvre).*

On ne connaît pas la date de sa naissance et celle de sa mort.

Il fut reçu en 1737 à l'Académie Royale de Peinture et de sculpture.

1122. Vue de Paris.

Prise du Belvédère d'une maison, située rue des Boulangers-Saint-Victor.

Ce dessin a été composé pour sa réception à l'Académie.

Dessin à la plume et à l'aquarelle mêlée de gouache.

Haut. o m. 48 c. — *Larg.* o m. 97 c.

LE SUEUR (EUSTACHE), *peintre, né à Paris en 1617, mort dans la même ville, au couvent des Chartreux, en 1655.*

Élève de Simon Vouët et l'un des premiers membres de l'Académie Royale de Peinture et de sculpture en 1648, il fut aussi nommé à l'Académie de St-Luc, à à Rome.

1123. Moïse sauvé des eaux.

Thermutis a fait retirer du Nil le jeune Moïse qui avait été déposé sur le fleuve par Jocabel, dans un panier de jonc enduit de bitume ; et la sœur de l'enfant dit à la princesse : « Vous plaît-il que je vous aille » quérir une femme des Hébreux qui puisse nourrir ce » petit enfant. » (Exode).

Dessin à la mine de plomb.

Haut. o m. 22 c. — *Larg.* o m. 22 c.

1124. La Sainte Vierge apparaît à César de Bus,

fondateur et premier général de l'institution de la doctrine chrétienne.

Elle soutient sur ses genoux le corps de son fils mort.

Ce sujet a été gravé, mais avec quelques changemens, par J. Couvay.

Dessin au crayon noir (Collection Mariette).

Haut. o m. 21 c. — *Larg.* o m. 14 c.

1125. Zacharie, devenu muet à cause de son incrédulité, recouvre la parole en écrivant sur une tablette le nom de Jean , que l'ange lui avait imposé de donner à son fils.

Dessin au crayon légèrement lavé.

Haut. o m. 25 c. — *Larg.* o m. 31 c.

1126. Accord de l'Éloquence, de la Musique et de l'Harmonie.

Dessin allégorique lavé sur crayon. (Collection Mariette).

Haut. o m. 18 c. — *Larg.* o m. 22 c.

LOIR (NICOLAS), *peintre et graveur, né à Paris en* 1624, *mort en* 1679.

Il fréquenta l'école de Bourdon et termina ses études à Rome, où il a fait des copies d'après les tableaux de Poussin. Loir a été chargé de quelques travaux de peinture pour les Palais Royaux.

1127. La Sainte-Famille assise sur des ruines antiques, emblème de la destruction de l'idolâtrie.

Dessin à la plume et lavé.

Haut. m. 27 c. — *Larg.* o m. 37

LORRAIN (Claude Gelée *dit le*), *peintre et graveur, né en 1600, au château de Chamagne en Lorraine, mort à Rome en 1682.*

Il fut conduit très jeune, par un de ses parens, à Rome, n'y séjourna que très peu de temps, et se rendit à Naples, où il étudia dans l'école de Goffredo, peintre de paysage, alors en réputation. Après deux ans de séjour à Naples, il revint à Rome, et travailla sous Agostino Tassi.

1128. Paysage.

Les Israélites adorent le veau d'or.

Dessin à la plume et lavé.
Haut. 0 m. 20 c. — Larg. 0 m. 39 c.

1129. Marine.

L'enlèvement d'Europe

Dessin à la plume et lavé.
Haut. 0 m. 31 c. — Larg. 0 m. 43 c.

1130. Paysage.

Apollon joue de la lyre en présence des Muses.

Dessin à la plume, lavé et rehaussé de blanc.
Haut. 0 m. 35 c. — Larg. 0 m. 51 c.

1131. Paysage orné d'arbres et de fabriques.

Des pâtres mènent boire leurs bestiaux.

Dessin à la plume et lavé. (Collection Mariette.)
Haut. 0 m. 33 c. — Larg. 0 m. 30 c.

1152. Paysage.

Un berger assis joue de la flûte.

Dessin à la plume, et lavé.

Haut. 0 m. 33 c. — *Larg.* 0 m. 24 c.

1153. Paysage.

Bestiaux à l'abreuvoir.

Dessin à la plume, lavé et rehaussé de blanc.

Haut. 0 m. 33 c. — *Larg.* 0 m. 24 c.

1154. Troupeau au pâturage.

Paysage à la plume et lavé. (Collection J. Basuard.)

Haut. 0 m. 20 c. — *Larg.* 0 m. 26 c.

1155. Paysage enrichi de ruines.

Dessin à la plume, lavé et rehaussé de blanc.

Haut. 0 m. 12 c. — *Larg.* 0 m. 16 c.

1156. Paysage enrichi de ruines.

Dessin à la plume lavé et rehaussé de blanc.

Haut. 0 m. 12 c. — *Larg.* 0 m. 16 c.

1157. Étude d'arbres.

Dessin à la plume et lavé.

Haut. 0 m. 28 c. — *Larg.* 0 m. 21 c.

MANGLARD (ADRIEN), *peintre et graveur à l'eau-forte, né à Lyon en 1696, mort à Rome en 1760.*

Il a peint le paysage et la marine. On assure qu'il a dirigé à Rome les premières études de Joseph Vernet.

1158. Marine.

On y remarque un vaisseau mouillé dans le port

et sur le premier plan, plusieurs barques disposées pour attendre le flot et entrer en mer.

Dessin à la plume et lavé. (Collection Mariette.)
Haut. o m: 27 c. — *Larg.* o m. 19 c.

1139. Vaisseaux de formes différentes.

Dessin à la plume et lavé. (Collection Mariette.)
Haut. o m. 27 c. — *Larg.* o m. 42 c.

MASSÉ (Jean-Baptiste), *peintre et graveur à l'eau-forte, né à Paris en 1687, mort en 1760.*

Dessins faits d'après les peintures exécutées par Le Brun dans le plafond de la galerie du palais de Versailles (*).

SALON DE LA GUERRE.

TABLEAU DU MILIEU.

1140. La France, armée de la foudre et d'un bouclier sur lequel est la figure de Louis **XIV**, foudroie ses ennemis.

Des Victoires portent des drapeaux qui rappellent les conquêtes du roi. La Victoire descend du ciel pour couronner la France.

Diam. o m. 67 c.

TABLEAUX DES CINTRES.

1141. L'Allemagne s'efforce en vain de défendre l'aigle impériale, qui tient sa couronne; ses soldats l'abandonnent.

Haut. o m. 29 c. — *Larg.* o m. 77 c.

(*) Les inscriptions de cette galerie ont été composées par Racine et Boileau, historiographes du Roi.

1142. L'Espagne menace la France ; son lion rugit et se dresse ; ses soldats sont en fuite et le guidon de Castille renversé.

Haut. o m. 29 c. — *Larg.* o m. 77 c.

1143. La Hollande, appuyée sur son lion, laisse tomber d'effroi une partie de ses flèches ; ses vaisseaux sont en feu et ses soldats en déroute.

Haut. o m. 29 c. — *Larg.* o m. 77 c.

1144. Bellone en fureur foule sous son char des hommes et des armes.

Elle est précédée et suivie de la Discorde qui détruit des temples et des palais ; l'autel de Vesta, la balance de la Justice, et les vases sacrés renversés, indiquent les outrages de la guerre ; et la Charité qui s'enfuit épouvantée, en tenant un jeune enfant dans ses bras, les calamités qui l'accompagnent.

Haut. o m. 29 c. — *Larg.* o m. 77 c.

1145. Ornemens des quatre angles.

Les armes de France et la devise de Louis XIV, *nec pluribus impar*, y sont rappelées.

Haut. o m. 42 c. — *Larg.* o m. 33 c.

PLAFOND DE LA GALERIE.

1146. Le Roi gouverne par lui-même, 1661.

Haut. o m. 56 c. — *Larg.* o m. 75 c.

1147. Faste des puissances voisines de la France.

Haut. o m. 56 c. — *Larg.* o m. 76 c.

1148. Prééminence de la France reconnue par l'Espagne ; 1662.

Haut. o m. 44 c. — Larg. o m. 29 c.

1149. Le soulagement du peuple pendant la famine ; 1662.

Gravure retouchée.

Haut. o m. 18 c. — Larg. o m. 24 c.

1150. L'ordre rétabli dans les finances ; 1662.

Haut. o m. 44 c. — Larg. o m. 36 c.

1151. La fureur des duels arrêtée ; 1662.

Haut. o m. 18 c. — Larg. o m. 24 c.

1152. L'acquisition de Dunkerque ; 1662.

Haut. o m. 18 c. — Larg. o m. 24 c.

1153. Renouvellement d'alliance avec les Suisses ; 1663.

Haut. o m. 45 c. — Larg. o m. 30 c.

1154. Protection accordée aux beaux-arts ; 1663.

Haut. o m. 44 c. — Larg. o m. 36 c.

1155. Rétablissement de la navigation ; 1663.

Haut. o m. 44 c. — Larg. o m. 36 c.

1156. Défaite des Turcs en Hongrie par les troupes du Roi ; 1664.

Haut. o m. 44 c. — Larg. o m. 30 c.

1157. Réparation de l'attentat des Corses; 1664.

Haut. o m. 44 c. — Larg. o m. 29 c.

1158. La Hollande secourue contre l'évêque de Munster; 1665.

Haut. o m. 44 c. — Larg. o m. 29 c.

1159. Police et sûreté établies dans Paris; 1665.

Gravure retouchée.

Haut. o m. 18 c. — Larg. o m. 24 c.

1160. Réformation de la justice; 1667.

Vaut. o m. 44 c. — Larg. o m. 36 c

1161. Guerre contre l'Espagne pour les droits de la Reine; 1667.

Haut. o m. 28 c. — Larg. o m. 24 c.

1162. Jonction des deux mers; 1667.

Haut. o m. 43 c. — Larg. o m. 30 c.

1163. La paix d'Aix-la-Chapelle; 1668.

Haut. o m. 28 c. — Larg: o m. 24 c.

1164. Résolution prise de faire la guerre aux Hollandais; 1671.

Haut. o m. 52 c. — Larg. o m. 69 c.

1165. Alliance de l'Allemagne et de l'Espagne avec la Hollande; 1672.

Haut. o m. 36 c. — Larg. o m. 77 c.

1166. Renommées qui vont répandre la gloire du Roi.

Haut. o m. 30 c. — Larg. o m. 48 c.

1167. Le Roi arme sur terre et sur mer; 1672.

Haut. o m. 51 c. — Larg. o m. 65 c.

1168 Le Roi donne ses ordres pour attaquer en même temps quatre des plus fortes places de la Hollande; 1672.

Haut. o m. 52 c. — Larg. o m. 67 c.

1169. Passage du Rhin (à Tolhuis) en présence des ennemis; 1672.

Haut. o m. 57 c. — Larg. o m.   c.

1170. Le Roi prend Maëstricht en treize jours; 1673.

Haut. o m. 57 c. — Larg. o m. 73 c.

1171. La Franche - Comté conquise pour la deuxième fois; 1674.

Haut. o m. 52 c. — Larg. o m. 66 c.

1172. Établissement de l'Hôtel royal des Invalides; 1674.

Haut. o m. 44 c. — Larg. o m. 28 c.

1173. Prise de la ville et de la citadelle de Gand en six jours; 1678.

Haut. o m. 57 c. — Larg. o m. 76 c.

1174. Mesures des Espagnols rompues par la prise de Gand.

Haut. o m. 57 c. — Larg. o m. 77 c.

1175. La Hollande accepte la paix et se détache de l'Allemagne et de l'Espagne ; 1678.

Haut. o m. 29 c. — Larg. o m. 77 c.

1176. Mercure descend du ciel pour offrir à la Hollande l'olivier de la paix.

Haut. o m. 30 c. — Larg. o m. 49 c.

1177. Ambassades envoyées des extrémités de la terre.

Haut. o m. 44 c. — Larg. o m. 29 c.

1178. Ornemens des quatre angles.

Haut. o m. 36 c. — Larg. o m. 34 c.

PLAFOND DU SALON DE LA PAIX.

TABLEAU DU MILIEU.

1179. La France, sur un char traîné par des Amours, est couronnée par la Gloire.

La Paix et l'Abondance sont à ses côtés, ses enfans et les génies qui portent des écussons aux armes de France, d'Espagne, de Bavière et de Savoie, rappellent les alliances contractées entre ces puissances par les mariages du grand-Dauphin et de Marie-Anne-Christine-Victoire de Bavière ; de Marie-Louise d'Orléans, et de Charles II, roi d'Espagne ; d'Anne-Marie d'Orléans, et de Victor Amédée de Savoie.

Diam. o m. 67 c.

TABLEAUX DES CEINTRES.

1180. L'Espagne en paix, se livre à l'allégresse.

Haut. o m. 29 c. — Larg. o m. 77 c.

1181. La Hollande, heureuse et tranquille, encourage le commerce et la navigation.

Haut. o m. 29 c. — Larg. o m. 77 c.

1182. L'Allemagne, triomphante de la Turquie par les secours de la France, reçoit du Génie de la Paix le rameau d'olivier.

Haut. o m. 29 c. — Larg. o m. 77 c.

1183. L'Europe chrétienne, en paix, voit fleurir l'abondance et encourage les arts.

Haut. o m. 29 c. — Larg. o m. 77 c.

1184. Ornemens des quatre angles.

Les armes de France et de Navarre entourées des attributs de la paix, de la justice et des arts, y sont représentées.

Haut. o m. 42 c. — Larg. o m. 34 c.

Ces 54 dessins sont faits à la plume et lavés.

1185. Portrait d'homme assis et tenant un crayon.

Haut. o m. 42 c. — Larg. o m. 37 c.

1186. Portrait de femme.

Dessin aux crayons rouge et noir et estompé.

Haut. o m. 21 c. — Larg. o m. 16 c.

MASSON (Antoine), *peintre et graveur, né à Louri, près Orléans en 1636. Mort à Paris en 1702.*

Il fut membre de l'Académie Royale de Peinture.

1187. Portrait de Pierre Dupuis, peintre.

D'après le tableau de N. Mignard.

Dessin au crayon noir.
Haut. 0 m. 15 c. — Larg. 0 m. 12 c.

MELLAN (Claude), *dessinateur et graveur au burin, né à Abbeville en 1598, mort à Paris en 1688.*

Il inventa un procédé de graver tous les objets avec une seule taille, et perfectionna ce genre de gravure.

1188. Portrait de Pierre Dupré.

Dessin aux crayons rouge et noir.
Haut. 0 m. 15 c. — Larg. 0 m. 13 c.

1189. Portrait de Simon Vouët, peintre.

Dessin à la sanguine.
Haut. 0 m. 16 c. — Larg. 0 m. 13 c.

MIGNARD (Pierre), *surnommé le Romain, né à Troyes en 1610, mort à Paris en 1695.*

Il reçut à Bourges les premières leçons d'un peintre nommé Boucher, travailla pendant quelque temps à l'école de Fontainebleau, d'où il passa dans celle de Simon Vouët, et il termina ses études en Italie, où il fit un très long séjour, ce qui lui a fait donner le surnom de Romain, pour le distinguer de son frère. Pierre Mignard fut longtemps chef de l'Académie de St-Luc à Paris. Premier peintre du Roi après la mort de Le Brun, il devint membre de l'Académie Royale de Peinture et directeur de la manufacture des Gobelins.

Il a fait les peintures à fresque du dôme du Val-de-

Grâce, et il a décoré le château de Saint-Cloud. Il avait aussi été chargé de quelques travaux de peinture pour la petite galerie de Versailles. Ces ouvrages n'existent plus.

1190. L'adoration des Mages.

Dessin lavé sur crayon noir.

Haut. o m., 48 c. — *Larg.* o m. 38 c.

1191. Le massacre des Innocens.

Dessin à la plume lavé et rehaussé de blanc.

Haut. o m. 62 c. — *Larg.* o m. 72 c.

1192. Études d'après les ouvrages du Carrache qui décorent la galerie du palais Farnèse à Rome.

Dessins aux crayons noir et blanc sur papier gris.

Alphonse-Louis du Plessis, cardinal-archevêque de Lyon, et frère du cardinal de Richelieu, ayant fait en 1644 un voyage à Rome, habita le palais Farnèse. Il demanda à Mignard des études des peintures de la galerie de ce palais. On rapporte que Mignard fut logé dans le même appartement qu'avait autrefois occupé Annibal Carrache.

MOREAU le jeune (JEAN-MICHEL), *dessinateur et graveur, né à Paris en 1741, mort dans la même ville en 1814.*

Élève de Louis Le Lorrain pour la peinture, et de Le Bas pour la gravure ; il fut nommé en 1775 dessinateur du cabinet du Roi.

1193. Tullie faisant passer son char sur le corps de son père.

» Tullie vint jusqu'au sénat, appela elle-même son

» mari, l'en fit sortir, et fut la première qui le salua
» roi... Lorsqu'en retournant à son logis, elle fut
» arrivée au haut de la rue Cyprienne, le cocher qui
» conduisait son char ayant tourné à droite pour aller
» à la colline des Esquilies, s'arrêta tout court saisi
» d'horreur, et montra à sa maîtresse le corps de Ser-
» vius tout sanglant. Cette vue ne fit qu'irriter et en-
» durcir Tullie. Les furies vengeresses de sa sœur et
» de son mari, dit Tite-Live, achevèrent d'aliéner en
» ce moment sa raison, de sorte qu'oubliant non seule-
» ment les sentimens de la nature, mais même ceux
» de l'humanité, elle fit passer son char sur le corps
» de son père, ce qui fit donner à cette rue le nom de
» *Scélérate.* » (Rollin).

Présenté par l'auteur pour sa réception à l'Académie royale de Peinture, en 1789.

Dessin à la plume et lavé.

Haut. o m. 26 c. — *Larg.* o m. 38 c.

1194. Assemblée des Notables, présidée par Louis XVI, en l'année 1787.

Dessin à la plume et lavé.

Haut. o m. 52 c. — *Larg.* o m. 79 c.

NANTEUIL (Robert), *peintre et graveur, né à Reims en 1630, mort à Paris en 1678.*

Il a peint au pastel une partie des portraits qu'il a gravés. On a remarqué que la thèse qu'il soutint en philosophie dans le cours de ses études en 1645, avait été gravée par lui : elle représente une Sainte-Famille.

1195. Portrait de Henri de la Tour-d'Auvergne, vicomte de Turenne. Né en 1611, mort en 1675.

Dessin au pastel.

Haut. o m. 45 c. — *Larg.* o m. 35 c.

1196. Portrait de Louis de Bailleul, marquis de Château-Gontier-Soisi, né vers 1622, mort en 1701.

Dessin au crayon noir.
Haut. o m. 15 c. — Larg. o m. 12 c.

1197. Portrait d'Antoine Furetière, né en 1620, mort en 1688.

Dessin à la mine de plomb.
Haut. o m. 14 c. — Larg. o m. 11 c.

1198. Portrait d'une femme âgée dont la tête est couverte d'une coiffe.

Dessin à la mine de plomb.
Haut. o m. 15 c. — Larg. o m. 12 c.

NATOIRE (CHARLES), *peintre, né à Nimes en 1700, mort à Cartel-Gandolfo en 1777.*

Élève de Lemaire et maître de Vien, il fut Directeur de l'Académie de France à Rome. Il a fait quelques peintures pour la décoration des appartemens du palais de Versailles.

1199. Tête de vieillard.

Dessin au crayon noir et au pastel.
Haut. o m. 38 c. — Larg. o m. 29 c.

OUDRY (JEAN-BAPTISTE), *peintre et graveur, né à Paris en 1686, mort en 1755.*

Élève de Largillière, il a fait un grand nombre de

tableaux de chasse et d'animaux. Il a gravé d'après ses ouvrages ; son œuvre le plus estimé est la suite des dessins pour les fables de La Fontaine.

1200. Un héron.

Dessin aux crayons noir et blanc.
Haut. o m. 34 c. — Larg. o m. 28 c.

1201. Un aigle.

Dessin aux crayons noir et blanc.
Haut. o m. 34 c. — Larg. o m. 28 c.

1202. Intérieur d'un parc à Arcueil.

Dessin aux crayons noir et blanc.
Haut. o m. 32 c. — Larg. o m. 47 c.

1203. Vue d'un parc sur le bord de l'eau.

Dessin aux crayons noir et blanc.
Haut. o m. 32 c. — Larg. o m. 47 c.

1204. Vue d'un parc.

Dessin aux crayons noir et blanc.
Haut. o m. 32 c. — Larg. o m. 47 c.

1205. Vue intérieure d'un parc à Arcueil.

Dessin aux crayons noir et blanc.
Haut. o m. 32 c. — Larg. o m. 47 c.

1206. Chasse au renard.

Dessin lavé et rehaussé de blanc.
Haut. o m. 39 c. — Larg. o m. 52 c.

1207. Un animal sauvage poursuivi par des chiens.

Dessin aux crayons noir et blanc.
Haut. o m. 31 c. — Larg. o m. 46 c.

OZANNE (JOSEPH-PIERRE), *ingénieur-constructeur de marine, né en 1737, mort en 1813.*

1208. Vue d'une des portes de Marly.

Dessin à l'estompe terminé au crayon.
Haut. o m. 42 c. — Larg. o m. 51 c.

PARISOT ou **PARIZEAU** (PHILIPPE), *peintre et graveur à l'eau-forte, né à Paris en 1740.*

1209. Un triomphe.

Dessin à la plume et lavé.
Haut. o m. 33 c. — Larg. o m. 60 c.

PÉRIGNON (NICOLAS), *peintre et graveur à l'eau-forte, né vers 1726, mort à Paris en 1782.*

Il peignit à la gouache, à l'aquarelle, et fit la plus grande partie des dessins pour l'ouvrage intitulé : Voyage de la Suisse.

1210. Marine ornée de fabriques.

Peinture à la gouache.
Haut. o m. 53. — Larg. o m. 78 c.

1211. Marine ornée de fabriques.

Peinture à la gouache.
Haut. o m. 53 c. — Larg. o m. 78 c.

Ces deux marines, exécutées en 1774, ont été présentées par l'auteur pour sa réception à l'Académie Royale de Peinture.

PERRONEAU (Jean-Baptiste), *peintre, né vers 1715, mort à Amsterdam en 1783.*

1212. Portrait de Laurent Cars, graveur, né à Lyon en 1702, mort à Paris en 1771.

Cet artiste a gravé plusieurs planches d'après les tableaux de Lemoine et de Natoire. M. R.

Dessin au pastel.

Haut. o m. 59 c. — Larg. o m. 47 c.

PEYRE (Antoine-François), *architecte, né à Paris en 1739, mort le 7 mars 1823.*

Élève de son frère (Marie-Joseph).

1213. Vue intérieure de l'église St.-Pierre-du-Vatican, à Rome.

La procession pontificale.

Dessin à la plume, lavé au bistre, légèrement aquarellé et rehaussé de blanc.

Haut. 1 m. 13 c. — Larg. o m. 67 c.

PIERRE (Jean-Baptiste-Marie), *peintre, né vers 1714, mort à Paris, en 1789.*

1214. L'Aurore.

Esquisse a l'huile.

Haut. o m. 25 c. — Larg. o m. 50 c.

PICARD (Bernard), *dessinateur et graveur, né à Paris en 1663, mort à Amsterdam en 1733.*

1215. Agar et Ismaël.

Dessin d'après un tableau de Vander Werff, terminé à l'encre de Chine.

Haut. o m. 40 c. — Larg. o m. 31 c.

PILON (Germain), *sculpteur, né à Loué près du Mans; on ne connaît pas la date de sa naissance : on croit qu'il est mort vers 1590, quelques auteurs disent vers 1606.*

Il avait déjà fait quelques travaux dans son pays, lorsqu'il vint à Paris, vers 1550; on ne possède que très peu de renseignemens sur la vie de cet artiste célèbre.

1216. Portion d'une façade décorée de colonnes corinthiennes, de termes, etc.

Dessin à la plume et lavé au bistre.
Haut. 0 m. 21 c. — Larg. 0 m. 28 c.

POUSSIN (Nicolas), *peintre, né aux Andelys en 1594, mort à Rome en 1665.*

Élève de Quintin Varin, il a passé la plus grande partie de sa vie à Rome, où il a exécuté presque tous ses ouvrages.

1217. Noé, au sortir de l'arche, offre un sacrifice à Dieu.

Première pensée du tableau qui est à Rome, dans le palais Corsini.

Dessin à la plume et lavé.
Haut. 0 m. 18 c. — Larg. 0 m. 25 c.

1218. Le même sujet que le précédent, avec quelques différences.

Dessin à la plume et lavé.
Haut. 0 m. 13 c. — Larg. 0 m. 16 c.

1219. Moïse défend les filles de Jéthro contre l'insolence des bergers.

> Dessin à la pierre noire et lavé au bistre.
> *Haut. m. c. — Larg. o m. 44 c.*

1220. Le buisson ardent.

Première pensée du tableau que Poussin peignit pour le cardinal de Richelieu.

> Dessin à la plume et lavé au bistre.
> *Haut. o m. 28 c. — Larg. o m. 24 c.*

1221. Le frappement du rocher.

> Dessin à la plume et lavé au bistre.
> *Haut. o m. 24 c. — Larg. o m. 37 c.*

1222. Le jugement de Salomon.

> Dessin à la plume et lavé.
> *Haut. o m. 16 c. — Larg. o m. 28 c.*

1223. La Sainte-Famille.

> Dessin à la plume et lavé.
> *Haut. o m. 19 c. — Larg. o m. 21 c.*

1224. La Sainte-Famille.

> Dessin à la plume et lavé à l'encre.
> *Haut. o m. 19 c. — Larg. o m. 21 c.*

1225. La Sainte-Famille.

> Dessin à la plume et lavé.
> *Haut. o m. 18 c. — Larg. o m. 25 c.*

1226. La Sainte-Famille.

> Dessin à la plume et lavé à l'encre.
> *Haut. o m. 18 c. — Larg. o m. 25 c.*

1227. La Sainte-Famille.

Dessin à la plume et lavé à l'encre.
Haut. o m. 18 c. — *Larg.* o m. 25 c.

1228. Jésus-Christ institue le sacrement de l'Ordre.

Dessin à la plume et lavé à l'encre.
Haut. o m. 14 c. — *Larg.* o m. 25 c.

1229. L'Extrême-Onction.

Composition que Poussin peignit, mais avec de grands changemens dans la suite des Sept Sacremens, pour M. de Chantelou. Il avait déjà traité différemment le même sujet dans la suite des Sept Sacremens que lui avait demandée le cavalier del Pozzo.

Dessin à la plume et lavé au bistre. (Collection Mariette.)
Haut. o m. 32 c. — *Larg.* o m. 34 c.

1230. Jésus sur la croix entre les deux larrons.

Dessin à la plume, lavé d'indigo.
Haut. o m. 18 c. — *Larg.* o m. 26 c.

1231. Le jugement de Salomon.

Dessin lavé sur crayon.
Haut. o m. 34 c. — *Larg.* o m. 51 c.

1232. Mercure et Pâris.

Dessin à la plume et lavé au bistre.
Haut. o m. 23 c. — *Larg.* 21 c.

1233. Mercure et Vénus servis par les amours.

Dessin à la plume et lavé au bistre.
Haut. o m. 30 c. — *Larg.* o m. 41 c.

1254. Les vengeances de l'Amour.

Dessin à la plume et lavé.

Haut. o m. 32 c. — Larg. o m. 44 c.

1255. Vénus au bain, servie par les Naïades et par les Amours.

Dessin à la plume et lavé.

Haut. o m. 19 c. — Larg. o m. 25 c.

1256. Hercule nétoie les étables d'Augias.

Sujet tiré de l'un des bas-reliefs peints en bronze, que Poussin avait fait dans la grande galerie du Louvre.

Dessin au crayon noir, sur papier gris et rehaussé de blanc.

Haut. o m. 20 c. — Larg. o m. 46 c.

1257. Le fleuve Benacus reçoit les fruits que les Hespérides lui présentent.

Ce sujet a été gravé par C. Bloëmaert, pour l'ouvrage de J.-B. Ferrari, qui a pour titre : *Hespérides.*

Dessin à la plume et lavé.

Haut. o m. 31 c. — Larg. o m. 21 c.

1258. Paysage.

On voit, sur le premier plan, Adonis renversé par le sanglier que le dieu Mars avait envoyé contre lui.

Dessin à la plume et lavé au bistre.

Haut. o m. 25 c. — Larg. o m. 18 c.

1259. Anacréon enseigne à Bathylle à jouer de la lyre.

Dessin au crayon et lavé au bistre.

Haut. o m. 18 c. — Larg. o m. 43 c.

1240. Armide, aidée par les Amours, transporte Renaud dans un jardin enchanté.

Dessin à la plume et au bistre.
Haut. o m. 20 c. — Larg. o m. 26 c.

1241. Vue d'une portion des bâtimens de la Villa Madama, près de Rome.

Dessin à la plume et lavé.
Haut. o m. 18 c. — Larg. o m. 25 c.

1242. Paysage.

On y voit un berger gardant des moutons.

Dessin à la plume, lavé au bistre.
Haut. o m. 25 c. — Larg. o m. 18 c.

1243. Étude de paysage.

Dessin à la plume et lavé.
Haut. o m. 13 c. — Larg. o m. 16 c.

1244. Étude de paysage.

Dessin lavé sur sanguine.
Haut. o m. 25 c. — Larg. o m. 18 c.

1245. Ruines et paysage.

Dessin à la plume et lavé.
Haut. o m. 25 c. — Larg. o m. 19 c.

1246. Étude d'arbres.

Dessin à la plume et lavé (Collection Mariette).
Haut. o m. 24 c. — Larg. o m. 18 c.

1247. L'âne et le petit chien.

Sujet tiré des *Fables d'Ésope*.

Dessin à la plume et au lavis.
Haut. 0 m. 13 c. — Larg. 0 m. 27 c.

PUGET (PIERRE-PAUL), *peintre, sculpteur et architecte, né à Marseille en 1622, mort dans sa patrie en 1694.*

Il étudia dans sa jeunesse en Italie et se rendit à Rome, où il se lia d'amitié avec Pietre de Cortone, dont il imita le style. De retour en France, il se livra entièrement à la sculpture et à l'architecture. Le Musée Royal possède quelques uns des ouvrages qu'il avait faits pour le palais de Versailles. Il fut directeur de la décoration des vaisseaux de la marine royale à Toulon.

1248. Représentation de quelques vaisseaux, avec les signaux qui désignent les grades de leurs commandans.

Dessin à la plume et lavé sur vélin.
Haut. 0 m. 44 c. — Larg. 0 m. 66 c.

1249. Port de Toulon.

Dessin à la plume et lavé.
Haut. 0 m. 34 c. — Larg. 0 m. 57 c.

1250. Vue de Toulon du côté de la grande rade.

Dessin à la plume et lavé sur vélin.
Haut. 0 m. 43 c. — Larg. 0 m. 65 c.

RADEL, *voir* PETIT.

RESTOUT (JEAN), *peintre, né à Rouen en 1692, mort à Paris en 1768.*

Il fut élève de Jouvenet, son oncle.

1251. La présentation de Jésus au temple.

Dessin à la plume, lavé et rehaussé de blanc.
Haut. o m. 29 c. — Larg. o m. 21 c.

RIGAUD (HYACINTHE), *peintre, né à Perpignan en* 1659, *mort à Paris en* 1743.

Il perdit trop jeune son père et son aïeul, peintres tous deux, pour en recevoir des conseils utiles.
Élève de Pezet, Verdier et Ranc, peintres de Montpellier; il remporta le grand prix de peinture à l'Académie de Paris, mais il ne put se rendre en Italie. Il fut membre de l'Académie Royale de Peinture et chevalier de l'ordre de Saint=Michel.

1252. Portrait de Charles de France, duc de Berry, 3ᵉ fils de Louis Dauphin (le Grand-Dauphin) et de Marie-Anne-Christine-Victoire de Bavière, né en 1696, mort en 1714.

Dessin aux crayons noir et blanc.
Haut. o m. 37 c. — Larg. o m. 29 c.

1253. Portrait d'Hyacinthe Rigaud.

La tête vue de face, est couverte d'un bonnet ; la main droite pose sur une table, et le bras gauche est couvert d'une draperie de fantaisie.

Dessin sur papier bleu au crayon noir, rehaussé de blanc et lavé de laque sur quelques parties.
Haut o m. 37 c. — Larg. o m. 29 c.

1254. Des mains.

Étude aux crayons noir et blanc.
Haut. o m. 18 c. — Larg. o m. 38 c.

Mᵐᵉ ROSLIN.

1255. Portrait de Jean Dumont, surnommé *le*

Romain, peintre, membre de l'Académie;
né à Paris en 1700, mort en 1781.

Dessin au pastel.
Haut. o m. 55 c. — Larg. o m. 44 c.

SILVESTRE (Israel), *dessinateur et graveur*, *né à
Nancy en 1621, mort à Paris en 1691, neveu et élève
d'Israël Henriet.*

1256. Vue du Campo-Vaccino, à Rome.

Dessin à la plume et lavé.
Haut. o m. 10 c. — Larg. o m. 18 c.

1257. Autre vue du Campo-Vaccino.

Dessin à la plume et lavé.
Haut. o m. 10 c. — Larg. o m. 18 c.

1258. Vue d'une église.

Dessin lavé sur crayon.
Haut. o m. 07 c. — Larg. o m. 12 c.

1259. Vue d'un temple d'ordre ionique.

Dessin à la plume.
Haut. o m. 12 c. — Larg. o m. 16 c.

1260. Paysage.

Dessin à la plume.
Haut. o m. 12 c. — Larg. o m. 24 c.

1261. Paysage.

Dessin à la plume.
Haut. o m. 13 c. — Larg. o m. 24 c.

1262. Vue d'un château-fort.

Dessin à la plume.
Haut. o m. 12 c. — Larg. o m. 24 c.

1263. Vue d'un château-fort sur un rocher.

Dessin à la plume.
Haut. o m. 12 c. — Larg. o m. 20 c.

1264. Entrée d'une ville.

Dessin à la plume.
Haut. o m. 13 c. — Larg. o m. 24 c.

1265. Vue d'une ville.

Dessin à la plume.
Haut. o m. 11 c. — Larg. o m. 23 c.

1266. Vue d'un château près d'une rivière.

Dessin à la plume.
Haut. o m. 13 c. — Larg. o m. 24 c.

1267. Un ange adorateur.

Dessin aux crayons rouge et blanc.
Haut. o m. 32 c. — Larg. o m. 26 c.

SIMPOL (Claude), *peintre d'histoire, mort au commencement du dix=septième siècle.*

1268. Le lavement des pieds.

Esquisse peinte en grisaille.
Haut. o m. 30 c. — Larg. o m. 20 c.

1269. Le baiser de Judas.

« Parvenu au jardin des Oliviers à la tête des gens
» qui avaient été envoyés par les princes des prêtres
» et par les anciens du peuple, Judas s'approcha de
» Jésus, et lui dit : Maître, je vous salue, et il le baisa..
» Alors un de ceux qui étaient avec Jésus, portant la

» main sur son épée et la tirant, en frappa un des ser-
» viteurs du grand-prêtre, et lui coupa une oreille.
» (*Saint Mathieu*)»

Camaïeu à l'huile. (Collection Mariette.)
Haut. o m. 29 c. — Larg. o m. 20 c.

STELLA (JACQUES), *peintre et graveur, né à Lyon en
1596, mort à Paris en 1657.*

*Il fit dans sa jeunesse le voyage d'Italie, où il reçut
les conseils du Poussin, et à son retour en France il fut
nommé premier peintre du Roi, vers l'année 1644.*

1270. La Samaritaine.

Dessin à la plume et lavé. (Collection Mariette.)
Haut. o m. 22 c. — Larg. o m. 17 c.

1271. St. Grégoire-le-Grand servi par les anges.

Dessin à la plume et lavé.
Haut o m. 18 c. — Larg. o m. 20 c.

1272. Allégorie sur la convalescence du cardinal Scipion Borghèse, en 1638.

Les pauvres, les orphelins et les infirmes, s'oppo-
sent à la mort, qui veut emporter un drapeau décoré
des armoiries de la maison Borghèse.

Dessin à la plume et lavé.
Haut. o m. 27 c. — Larg. o m. 21 c.

1273. Un saint évêque, servi par les anges, étudie les livres saints.

Dessin à la plume et lavé.
Haut. o m. 18 c. — Larg. o m. 20 c.

1274. Église de Notre-Dame de Liesse.

On y conservait une statue miraculeuse de la sainte Vierge, rapportée en France ; suivant la légende, par trois chevaliers de la maison d'Eppe , et par la fille du Soudan d'Egypte.

Ce dessin , que l'on croit d'un nommé Levesque, peintre de l'Académie de Saint-Luc, a toujours été attribué à Stella. Il a été gravé sur bois , sous le nom de Levesque par Duval.

Dessin à la plume et lavé.

Haut. o m. 20 c. — Larg. o m. 14 c.

SUBLEYRAS (PIERRE), *peintre , né à Uzès, en* 1699 *mort à Rome en* 1749.

Il obtint le grand prix de peinture en 1726, *se rendit, deux années après, en Italie, où il séjourna, et fit plusieurs ouvrages pour les églises de Rome.*

Le Musée Royal du Louvre possède quelques uns des tableaux de Subleyras.

1275. Le conte de frère Luce, tiré de Bocace.

Dessin aux crayons noir et blanc.

Haut. o m. 32 c. — Larg. o m. 24 c.

TREMOLLIÈRE (PIERRE-CHARLES), *peintre , né à Cholet en Poitou en* 1703, *mort à Paris en* 1739.

Elève de J.-B. Vanloo, il remporta le prix de peinture en 1710, *et termina ses études en Italie. De retour à Paris en* 1734, *il fut reçu, en* 1737, *à l'Académie Royale de Peinture.*

1276. Tête de jeune fille couronnée de roses.

Dessin aux trois crayons.

Haut. o m. 35 c. — Larg. o m. 29 c.

1277. Tête de jeune homme couronnée de lauriers.

Dessin aux trois crayons et au pastel.

Haut. o m. 40 c. — *Larg.* o m. 30 c.

UBELESKI (ALEXANDRE), *peintre, né à Paris en* 1649, *mort dans la même ville en* 1718.

Il était originaire de Pologne et avait été reçu en France professeur à l'Académie Royale de Peinture en 1695. *Cet artiste a été plus généralement connu sous le nom* d'Alexandre.

1278. Jésus au milieu des docteurs.

Joseph et la Vierge trouvent dans le temple Jésus assis au milieu des docteurs, les écoutant, les interrogeant. Et tous ceux qui l'écoutaient étaient ravis en admiration de sa sagesse et de ses réponses. (*St Luc.*)

Dessin à la plume et lavé.

Haut. o m. 23 c. — *Larg.* o m. 19 c.

VANDERBURCK (ANDRÉ - JACQUES - EDOUARD), *peintre de paysages, né à Montpellier en* 1761, *mort à Paris en* 1803.

1279. Vue présumée de Civita Castellana.

Dessin à la sépia, rehaussé de blanc.

Haut. o m. 42 c. — *Larg.* o m.

VANLOO (CHARLES-ANDRÉ), *peintre, plus connu sous le nom de* Carle Vanloo, *né à Nice, en Provence, en* 1705, *mort à Paris, en* 1765.

Il se rendit, avec son frère Jean-Baptiste, à Rome

où il étudia avec lui dans l'atelier de Benedetto Luti. Il peignit d'abord des décorations de théâtre ; et de retour en France, il aida son frère dans la restauration des peintures du Primatice à Fontainebleau. S'étant rendu une seconde fois à Rome, il y remporta le prix de dessin à l'Académie de Saint-Luc, et fut ensuite reçu à l'Académie Royale de Peinture de Paris en 1735.

1280. Portrait de Carle Vanloo.

Dessin aux crayons noir et blanc.
Haut. o m. 42 c. — Larg. o m. 30 c.

1281. Portrait de la femme de l'auteur.

Dessin aux crayons noir et blanc.
Haut. o m. 50 c. — Larg. o m. 40 c.

1282. Tête de jeune fille.

Dessin aux trois crayons et au pastel.
Haut. o m. 37 c. — Larg. o m. 28 c.

VIEN (Mme), née MARIE REBOUL, *femme et élève du peintre Joseph-Marie Vien, née vers 1728, morte en 1805.*

1283. Deux colombes.

Dessin colorié à l'aquarelle fait en 1762.
Haut. o m. 30 c. — Larg. o m. 36 c.

VINCENT (FRANÇOIS-ANDRÉ), *peintre, né à Paris en 1746, mort dans la même ville en 1816.*

Élève de son père et de Vien, il se rendit à Rome comme pensionnaire du Roi. De retour en France, il *exécuta plusieurs tableaux, fut nommé membre de l'institut et professeur à l'école royale des beaux-arts.*

1284. Tête de jeune fille.

Dessin aux trois crayons.

Haut. o m. 53 c. — Larg. o m. 41 c.

VIVIEN (JOSEPH), *peintre de portraits, né à Lyon en 1657, mort à Bonn en 1735.*

Elève de Charles Le Brun, il peignit aussi au pastel. Il a travaillé à Paris, à Versailles, à Munich et à Cologne.

1285. Portrait de Robert de Cotte, architecte, né à Paris en 1657, mort en 1735.

Il a donné le dessin du portail de l'église de Saint-Roch.

Dessin au pastel.

Haut. o m. 90 c. —Larg. o m. 73 c.

1286. Portrait de François Girardon, sculpteur, né en 1630, mort en 1715.

Dessin au pastel.

Haut. o m. 90 c. — Larg. o m. 73 c.

VOUET (SIMON), *peintre, né à Paris, en 1582, mort dans la même ville en 1641.*

Elève de son père, il suivit dans sa jeunesse le baron Harlay de Sancy dans son ambassade à Constantinople, en 1611. Il parcourut ensuite une partie de l'Italie; et peignit à Rome, sur la demande du Pape

Urbain VIII, plusieurs ouvrages pour les églises de Saint-Pierre et de San-Lorenzo : il y fut élu prince de l'académie de Saint-Luc. Nommé premier peintre du Roi, il fonda à Paris une école de peinture d'où sont sortis la plupart des artistes célèbres du règne de Louis XIV: Le Sueur, Le Brun, Mignard, Dufresnoy, etc. L'auteur de la Vie de Vouet rapporte que Louis XIII voulut recevoir de cet artiste des leçons de peinture.

1287. La Vierge et l'Enfant-Jésus.

Dessin aux crayons noir et blanc.

Haut. o m. 35 c. — Larg. o m. 24 c.

1288. Tête de vieillard.

Dessin aux crayons noir et blanc.

Haut. o m. 12 c. — Larg. o m. 10 c.

1289. Une femme évanouie entre les bras d'un ange.

Dessin aux crayons noir et blanc.

Haut. o m. 32 c. — Larg. o m. 23 c.

WAILLY (CHARLES DE), *dessinateur et architecte, né en 1729, mort à Paris en 1798.*

1290. Plafond du salon du marquis Spinola, à Gènes.

Le grand ovale où est représenté Ambroise Spinola conduit à l'immortalité par Minerve, est dessiné d'après le tableau de Callet.

Dessin à la plume et lavé.

Haut. o m. 82 c. — Larg. 1 m. 30 c.

1291. Coupe sur la largeur du salon du palais Spinola.

> Dessin à la plume et lavé.
> *Haut.* 1 m. 04 c. — *Larg.* 0 m. 91 c.

1292. Coupe sur la longueur du même salon.

> Dessin à la plume et lavé.
> *Haut.* 1 m. 0 c. — *Larg.* 2 m. 31 c.

1293. Vue de l'escalier projeté pour la salle de la Comédie française, dite depuis l'Odéon.

Ce dessin a été présenté par l'auteur pour sa réception à l'Académie de peinture ; il a été donné au Musée royal par madame la comtesse de Fourcroy.

> Dessin à la plume et lavé.
> *Haut.* 0 m. 38 c. — *Larg.* 0 m. 63 c.

WATTEAU (ANTOINE), *peintre, né en* 1684 *à Valenciennes, mort à Nogent, en* 1721.

Élève de Claude Gillot, il remporta le grand prix et fut membre de l'Académie Royale de Peinture.

1294. Une jeune fille. Demi-figure.

> Dessin aux trois crayons.
> *Haut.* 0 m. 24 c. — *Larg.* 0 m. 18 c.

1295. Etude de femme d'après nature.

> Dessin aux crayons noir et rouge.
> *Haut.* 0 m. 33 c. — *Larg.* 0 m. 24 c.

1296. Portraits de musiciens qui se rassem-
blaient chez M. Crozat pour exécuter des con-
certs.

Dessin aux crayons noir et rouge.
Haut. o m. 24 c. — Larg. o m. 28 c.

1297. Têtes de femmes.

Dessin aux trois crayons.
Haut. o m. 21 c. — Larg. o m. 22 c.

1298. Trois dames.

Dessin aux trois crayons.
Haut. o m. 25 c. — Larg. o m. 34 c.